BEI GRIN MACHT SICH WISSEN BEZAHLT

Bibliografische Information der Deutschen Nationalbibliothek:

Die Deutsche Bibliothek verzeichnet diese Publikation in der Deutschen National-
bibliografie; detaillierte bibliografische Daten sind im Internet über http://dnb.d-
nb.de/ abrufbar.

Coverbild: Photodeti @dreamstime.com

Impressum:

Copyright © 2018 GRIN Verlag
Druck und Bindung: Books on Demand GmbH, Norderstedt Germany
ISBN: 9783346248053

Dieses Buch bei GRIN:

https://www.grin.com/document/911978

Monika Zöllner

Neue Wege zum Abitur an der Waldorfschule - Die Einführung der gymnasialen Oberstufe in Hamburg

GRIN Verlag

GRIN - Your knowledge has value

Der GRIN Verlag publiziert seit 1998 wissenschaftliche Arbeiten von Studenten, Hochschullehrern und anderen Akademikern als eBook und gedrucktes Buch. Die Verlagswebsite www.grin.com ist die ideale Plattform zur Veröffentlichung von Hausarbeiten, Abschlussarbeiten, wissenschaftlichen Aufsätzen, Dissertationen und Fachbüchern.

Besuchen Sie uns im Internet:

http://www.grin.com/

http://www.facebook.com/grincom

http://www.twitter.com/grin_com

Monika Zöllner

Neue Wege zum Abitur an der Waldorfschule

Die Einführung der gymnasialen Oberstufe in Hamburg

Abstract/Zusammenfassung

Die vorliegende Masterthesis dokumentiert den Entscheidungsweg zur Einführung der gymnasialen Studienstufe an den meisten Hamburger Waldorfschulen sowie die Evaluierung dieses Prozesses. Dabei wird, vor dem Hintergrund der Individualität der Waldorfpädagogik, besonderes Augenmerk auf die Bedeutung der zwölften Klasse und des Abiturs im Spannungsfeld mit den staatlichen Vorgaben der Studienstufe gelegt. Es wird aufgezeigt, welche Konsequenzen die Umstellung auf wichtige Inhalte der Waldorfpädagogik hat und wie es in den einzelnen Schulen gelingt, essentielle Aspekte der Waldorfpädagogik auch in der zwölften und 13. Klasse beizubehalten. Deutlich wird, dass der Wechsel zur gymnasialen Studienstufe in Hamburg es den Schülern erleichtert, den höchsten schulischen Bildungsabschluss zu erreichen. Es entfällt unter anderem die künstliche Verknappung der Prüfungsvorbereitung auf ein Dreivierteljahr. Die Durchführung der Studienstufe gelingt unter weitgehender Beibehaltung zentraler Inhalte der Waldorfpädagogik.

This Master thesis documents the decisionmaking process leading to the introduction of a "gymnasiale Studienstufe" (comparable to a British sixth form) into most of the Waldorf schools in Hamburg, as well as an ensuing evaluation of the process. Given the nature of Waldorf education, special emphasis is placed on the importance of the final school years and "Abitur" examinations (comparable to British A-levels), as well as possible conflicts between government requirements and Waldorf principles. The thesis highlights the effects of these changes on the principles of the Waldorf system, as well as how individual schools have managed to maintain key aspects of Waldorf education in the sixth form years. The introduction of sixth form education to Waldorf schools has clearly made it easier for pupils to achieve the highest exam grades. An important reason for this is that the system no longer artificially reduces the preparation time for final exams to a mere nine months. Furthermore, the implementation of sixth form education has been achieved while still maintaining the majority of the central tenets of Waldorf education.

Inhaltsverzeichnis

Abstract/Zusammenfassung III

Abkürzungsverzeichnis VI

1 Einleitung 1

2 Die Rahmenbedingungen der Waldorfpädagogik in der Oberstufe 5

2.1   Die Bedeutung des Abiturs an der Waldorfschule 5

2.2 Der Charakter der Waldorfpädagogik in der Oberstufe unter besonderer
Berücksichtigung der Urteilsfähigkeit 10

2.3 Die Bedeutung der zwölften Klasse vor dem Hintergrund staatlicher Abschlüsse
- Sind zwölf Jahre Waldorf in Stein gemeißelt oder verhandelbar? 17

2.4 Abschlüsse an Hamburger Waldorfschulen nach der Gesetzesnovelle des
Hamburgischen Schulgesetzes von 2003 21

3 Der Weg in die gymnasiale Oberstufe 27

3.1 Die Externenprüfungsordnung (ExPO) und die Veränderungen durch die
Gesetzesnovelle von 2003 27

3.2 Ausgewählte Rahmenbedingungen für die Abiturprüfung nach der
Ausbildungs- und Prüfungsordnung zum Erwerb der Allgemeinen
Hochschulreife und den Bildungsplänen für die gymnasiale Oberstufe 30

3.3 Der Arbeitskreis Schulaufsicht/Schulabschlüsse: Die Chronologie der
Entscheidung 32

4 Die Umsetzung der Studienstufe an den Schulen 52

4.1 Waldorfessentials in der gymnasialen Oberstufe 52

4.2 Überblicksepochen und Bildungsideal in der gymnasialen Studienstufe 55

5   Stimmen der Prozessbeteiligten.. **60**

5.1 Gespräch mit Ariane Jost - Deutschlehrerin und Oberstufenkoordinatorin
Waldorfschule Nienstedten.. 60

5.2 Gespräch mit Klaus Michael Maurer - Geschäftsführer Rudolf-Steiner-Schule,
Harburg.. 67

5.3 Gespräch mit Heike Rosenthal - Oberstufenkoordinatorin und Fachlehrerin für
Biologie, Rudolf-Steiner-Schule Altona.. 74

6   Fazit und Ausblick.. **81**

Anhänge.. **86**

Literaturverzeichnis.. **87**

Unveröffentlichte Quellen **94**

Anlagen **95**

Abkürzungsverzeichnis

APO-AH: Allgemeine Prüfungsordnung zum Erwerb der Allgemeinen Hochschulreife

APO-iGS: Allgemeine Prüfungsordnung für integrierte Gesamtschulen

BSB: Behörde für Schule und Berufsbildung, ab 2009, vormals Behörde für Bildung und Sport.

BBS: Behörde für Bildung und Sport, bis 2009

EAS: Erster allgemeinbildender Schulabschluss

EPA: Einheitliche Prüfungsanforderungen in der Abiturprüfung
ExPO: Externenprüfungsordnung; Prüfungsordnung zum Erwerb von Abschlüssen der allgemeinbildenden Schulen durch Externe

GK: Grundkurs in der gymnasialen Oberstufe, grundlegendes Anforderungsniveau

HmbSG: Hamburgisches Schulgesetz

KMK: Ständige Konferenz der Kultusminister der Länder in der Bundesrepublik Deutschland (kurz: Kultusministerkonferenz)

LK: Leistungskurs in der gymnasialen Oberstufe, erhöhtes Anforderungsniveau

MSA: Mittlerer Schulabschluss

PWG: Schulfach Politik, Wirtschaft, Gesellschaft

VK- Klasse: Vorbereitungsklasse, 13. Klasse, dient ausschließlich zur Abiturvorbereitung

1 Einleitung

„Nicht gefragt soll werden was braucht der Mensch zu wissen und zu können für die soziale Ordnung, die besteht - sondern: Was ist im Menschen veranlagt, und was kann in ihm entwickelt werden?" (Steiner 1982, 37, GA 24), so lautet einer der Kernsätze der Waldorfpädagogik. Rudolf Steiner forderte eine Erziehung, die sich an den Bedürfnissen des Kindes orientiert und gründete eine Schule für alle Kinder gleichermaßen. Waldorfschüler gehen von der ersten bis zur zwölften Klasse gemeinsam zur Schule.

In der ersten Waldorfschule saßen vorwiegend Kinder aus Arbeiterfamilien, deren Eltern in der Waldorf Zigarrenfabrik arbeiteten. Es gab aber auch eine Reihe von gebildeten Elternhäusern, die ihre Kinder auf die neue Schule schickten, weil sie vom reformpädagogischen Konzept Rudolf Steiners überzeugt waren. So lernten Schülerinnen und Schüler[1] ganz unterschiedlicher Herkunft, aber auch mit ganz unterschiedlichen Potenzialen gemeinsam.

Frühes Aussortieren von vermeintlich schwächeren Schülern, Druck durch Beurteilung und auch die frühe Fokussierung auf kognitive Leistungserbringung sollte nicht stattfinden. Das Ziel der Waldorfpädagogik war und ist es, die jungen Menschen zum freien Denken zu erziehen, zur freiheitlichen Individualität und einem autonomen Ich.

Schon von Anbeginn lernten Schüler mit Ambitionen auf ein späteres Hochschulstudium gemeinsam mit Schülern, die nach der achten Klasse, dem Ende der Volksschulzeit, die Schule wieder verlassen mussten, um beispielsweise zum Familieneinkommen beizutragen. Das Ziel war es jedoch, die Schüler möglichst bis nach der Vollendung des zwölften Schuljahres an der Schule zu halten, da nach den Überzeugungen der Menschenkunde Rudolf Steiners die Ausbildung bis zum 18. Lebensjahr für jeden Schüler unabdingbar war, um gut gerüstet ins Erwachsenenleben zu starten.

Durch die durch alle Klassenstufen heterogene Schülerschaft stellte sich schon immer die Frage nach den Abschlüssen. Vor allem für die zukünftigen Studenten musste eine Möglichkeit der Hochschulzugangsberechtigung geschaffen werden. Rudolf Steiner wünschte sich einen eigenen, staatlich legitimierten

---

[1] Im Interesse der Lesbarkeit werden im Folgenden die weibliche und die männliche Form synonym verwendet.

Waldorfabschluss. Dieser konnte jedoch in der fast 100-jährigen Geschichte der Waldorfbewegung bislang nicht etabliert werden. Die Vergabe der Hochschulzugangsberechtigung ist nach wie vor Monopol des Staates. So mussten Kompromisse eingegangen werden, die bis heute in der Diskussion stehen.

Es wird vielfach befürchtet, dass Denkmodelle, welche Modifikationen des von Rudolf Steiner eingeführten Modells der zwölfjährigen Waldorfschulzeit plus ein Jahr Vorbereitungsklasse für das staatliche Abitur fordern, die Einheit der entwicklungspsychologisch ausgerichteten Waldorfausbildung insgesamt gefährden könnten. Mit dieser Diskussion verbunden ist die bedeutende Rolle der zwölften Klasse, deren Daseinsberechtigung unumstritten ist. Zugeständnisse an staatliche Modelle auf Kosten der zwölften Klasse sind daher nach wie vor ein sensibles Thema. Heute gibt es 244 Waldorfschulen in Deutschland. (Bund der Freien Waldorfschulen 12/2017).

Alle staatlichen Abschlüsse werden angeboten. Bundesweit ist das Abitur schon seit vielen Jahren nicht mehr nur einer Minderheit aller Schüler vorbehalten. Es ist zur Massenware geworden mit sinkendem Ansehen. Während 1997 noch 36,5 Prozent der Schulabgänger eines Jahrgangs in Deutschland das Abitur vorweisen konnten, sind es 2015 schon 53 Prozent. Tendenz steigend.

(Destatis 2016, Nichtmonetäre hochschulstatistische Kennzahlen S.113) Während die Anforderungen an die Abiturienten seit Jahren insgesamt sinken, damit möglichst viele Schüler den höchsten schulischen Bildungsabschluss erlangen können, haben es die Waldorfschüler vergleichsweise schwer. Die Schüler staatlicher Schulen können über einen Zeitraum von zwei Jahren Leistungen aus dem gesamten Fächerkanon zusammentragen, die eigentliche Prüfung macht nur etwa ein Drittel der Abschlussnote aus. Bei den Waldorfabiturienten zählen hingegen fast ausschließlich die Prüfungsergebnisse für die Abiturnote. Die Möglichkeit der Einbeziehung von Semesterleistungen ist gering.

Der Weg des so genannten Externenabiturs für Waldorfschulen ist, wie eben angedeutet, anspruchsvoll, konnte bis zur Einführung zentraler Prüfungsaufgaben von den Lehrern jedoch eigenständig vorbereitet werden, da die jeweiligen Fachlehrer die Prüfungsaufgaben auf Abiturniveau erstellen und bei der Schulbehörde einreichen konnten.

Mit der Einführung von zentralen Abiturfragen haben sich die Anforderungen an die Waldorfabiturienten gegenüber den Schülern staatlicher Schulen weiter verschärft. Die Aufgaben folgen jetzt dem staatlichen Bildungskanon und fordern ein komplettes Umdenken von Lehrern und Schülern.

In Hamburg wurde zum Schuljahr 2003/2004 erstmals mit der Vergabe zentraler Prüfungsfragen begonnen. Das war die Ausgangslage, welche die Vertreter der Hamburger Waldorfschulen die Möglichkeit der Einführung der gymnasialen Oberstufe in Betracht ziehen ließ. Doch nicht nur in Hamburg ist der richtige Weg zum Abitur ein bedeutendes Thema, wie sich aus vielen Veröffentlichungen aus jüngster Zeit ablesen lässt, auch gehen die Meinungen darüber weit auseinander. Vom CSE, dem Certificate of Steiner Education aus Neuseeland, bis zu einem individuellen Waldorfportfolioabschluss reichen die Ansätze, unabhängig vom staatlichen Abitur die Hochschulzugangsberechtigung vergeben zu dürfen. Die vorliegende Arbeit *„Die Einführung der gymnasialen Oberstufe an Hamburger Waldorfschulen und die Umsetzung im Unterricht"* beschäftigt sich mit dem Prozess der Einführung der gymnasialen Oberstufe an Hamburger Waldorfschulen, der Umsetzung und der rückblickenden Beurteilung dieser Entscheidung. Grundgedanke zu diesem Thema war das Erstaunen darüber, dass es bislang im Bundesgebiet keine Nachahmer des Hamburger Weges gibt. Abgesehen von Hessen, wo von Beginn an mit der gymnasialen Oberstufe der Weg zum Abitur beschritten wurde, setzen alle weiteren Bundesländer auf den ursprünglichen Weg der zwölfjährigen Waldorfschulzeit plus ein Jahr Vorbereitungsklasse. Die Gründe dafür sind vielfältig.

Ein Grund scheint jedoch auch ein Informationsdefizit zu sein, denn für die objektive Beurteilung, inwieweit der Hamburger Weg stimmig ist und eine Alternative in der Diskussion um den richtigen Weg zum Abitur sein könnte, fehlte bislang eine detaillierte Aufarbeitung des Prozesses, der Umsetzung und der Folgen. Diese Arbeit versucht, diese Informationslücke zu schließen. Die vorliegende Arbeit beginnt mit der entwicklungspsychologischen Bedeutung der zwölften Klasse der Waldorfschule, um ein besseres Verständnis für die besonderen Herausforderungen herzustellen, die mit der Umstellung auf ein neues System einhergehen. Durch diese Vorgehensweise werden Befürchtungen, die Pädagogik könne durch die Neuausrichtung der Oberstufe verwässert werden, nachvollziehbar.

Daran anknüpfend sollen die unterschiedlichen Systeme, welche zum Abitur in Hamburg führen, vorgestellt werden. Die Anforderungen des Zentralabiturs in der gymnasialen Oberstufe werden denen des Externenabiturs gegenübergestellt.

In einem weiteren Teil wird der Weg der Entscheidungsfindung dokumentiert. Die Dokumentation beginnt mit dem ersten Protokoll des Arbeitskreises Schulaufsicht/Schulabschlüsse nach Bekanntwerden der Behördenpläne, die Abiturprüfungen zu zentralisieren. Der Arbeitskreis Schulaufsicht/Schulabschlüsse ist ein Gremium aller Hamburger Waldorfschulen, welches sich mit den Anforderungen und Bestimmungen im Prüfungskontext befasst. Die Dokumentation endet zeitlich mit der Anerkennung der gymnasialen Oberstufe an den Hamburger Waldorfschulen durch die Hamburger Behörde für Bildung und Sport am 27. April 2006.

Eine besondere Herausforderung war es hierbei, die Chronologie der Entscheidungsfindung lückenlos abzubilden, da Unterlagen und Dokumente häufig nicht mehr vorhanden sind und Prozessbeteiligte im für diese Arbeit relevanten Zeitraum von 2003 bis 2006 heute nicht mehr zur Verfügung stehen. Die Folgen der Umstellung werden exemplarisch an drei Hamburger Waldorfschulen aufgezeigt. Besonderes Augenmerk wird hierbei auf die Handlungsspielräume und deren Ausgestaltung mit den Folgen für die Eckpfeiler der Waldorfpädagogik in der zwölften Klasse gelegt.

Bei den Schulen handelt es sich um die Waldorfschulen in Altona, Nienstedten und Harburg. Hier war es möglich, Menschen zu finden, die zur Zeit der Entscheidungsfindung und der Umsetzung am Prozess beteiligt waren und auch heute noch aktiv in den jeweiligen Schulen tätig sind. Für die rückblickende Evaluierung der Prozesse ist dies von großer Bedeutung.

Die Arbeit endet mit Gesprächsaufzeichnungen von drei Prozessbeteiligten der genannten Schulen. Diese Form hilft gerade vor dem Hintergrund der praktischen Umsetzung, die individuellen Erfahrungen und Gedanken unverfälscht und unmittelbar zu dokumentieren. Diese Vorgehensweise trägt zum besseren Verständnis des Prozesses insgesamt bei. Auf die, mit der Umstellung auf die Anforderungen des Zentralabiturs notwendig gewordenen Modifikationen, in Bezug auf die mittleren Abschlüsse und die Fachhochschulreife schulischer Teil, soll in der vorliegenden Arbeit nur insofern eingegangen werden, wie es für das Verständnis der Prozesse insgesamt notwendig ist.

2 Die Rahmenbedingungen der Waldorfpädagogik in der Oberstufe

2.1 Die Bedeutung des Abiturs an der Waldorfschule

Der Erwerb der Reifeprüfung war schon mit dem Einrichten der Oberstufe an der ersten Waldorfschule in Stuttgart Uhlandshöhe von besonderer Bedeutung und eine besondere Herausforderung für die neue Pädagogik Rudolf Steiners.

Das Bestehen des Abiturs und die damit attestierte Hochschulreife war für Rudolf Steiner von Beginn an ein wichtiges Anliegen und dies formulierte er auch deutlich:

> Nun sind wir ja bestrebt, die Waldorfschule auszubauen, [...], daß wir wirklich zunächst so weit kommen, wie die jungen Leute kommen, wenn sie das Gymnasium oder die Realschule vollendet haben, also an eine Universität oder eine Hochschule gehen wollen.

(Steiner 1987, 149, GA 303)

Und führt weiter aus: „Dann müssen wir natürlich auch die gesamte Erziehung und den Unterricht so einrichten, dass dann die jungen Leute [...] ihr Abiturium ablegen können." (Steiner 1987, 149, GA 303)

Für den Weg dorthin musste ein Kompromiss gefunden werden und Rudolf Steiner war der Balanceakt zwischen Erziehungsidee und Forderungen der Gegenwart durchaus bewusst (Steiner 1991, 5ff.), obwohl er dadurch gezwungen war, seine eigenen pädagogischen Vorstellungen in der zwölften Klasse an die Vorgaben der staatlichen Prüfungsanforderungen anzugleichen. (Vgl. Steiner 1991, 128ff., 23.08.1923, GA 305) In einem Vortrag vor dem Kollegium sagt er:

> Die Hauptsorge ist, daß wir leider gezwungen sind, mit der letzten Klasse eigentlich das Waldorfschul-Prinzip zu verleugnen [...] Wir werden jetzt einfach generaliter sagen müssen: Wir müssen im letzten Jahrgang alle diejenigen Fächer pflegen, die einfach im Lehrplan der hiesigen höheren Schulen vorhanden sind [...] und ich sehe schon mit Schrecken den Verlauf des letzten Halbjahrs, wo wir werden alles sistieren müssen außer den Prüfungsfächern, und nur die Prüfungsfächer pflegen. Denn es ist kaum möglich, daran zu denken, daß auf eine andere Weise zu bewirken ist, daß die Schüler ein Abiturium bestehen.

(Steiner 1975, 1, 25.04.1923, GA 300)

Auch E.A. Carl Stockmeyer, einer der Gründungslehrer der ersten Waldorfschule und Verfasser des ersten ausführlichen Lehrplans für die Waldorfschulen, bestätigt ganz deutlich die Absichten Rudolf Steiners: *„Was gesagt werden sollte ist eindeutig: Rudolf Steiner legte den größten Wert darauf, dass die Waldorfschule die Möglichkeit gebe, durch sie zum humanistischen Abiturium zu kommen und Griechisch zu lernen und auch zu studieren."* (Stockmeyer 2001, 24)

Wichtig war dem Schulgründer auch ein unproblematischer Wechsel zwischen den Schulformen. (Vgl. Stockmeyer 2001, 18) Darauf weist er in seinem Memorandum 1919 hin, welches er für den baden-württembergischen Kultusminister verfasste. Hier thematisiert Rudolf Steiner die Möglichkeit des unproblematischen Schulwechsels zwischen der Waldorfschule und der staatlichen Schule. Mehrfach nahm Rudolf Steiner Bezug auf dieses Memorandum, unter anderem auch im Oxforder Kurs von 1922. Die Schüler sollten befähigt werden, unproblematisch zwischen den Schulformen zu wechseln und auch am Ende der Schulzeit nach zwölf Jahren dieselben Lernziele erreicht haben wie die Altersgenossen der staatlichen Schulen:

> Ebenso wird es sein, wenn [...] die jungen Damen und die jungen Herren die Schule verlassen, um an die Hochschule zu kommen. [...] Dann aber sollen sie soweit sein, dass sie in eine beliebige Hochschule, Universität übertreten können.

(Steiner 1991, 132, 23.08.1923, GA 305)

Die Waldorfpädagogik sollte also so ausgelegt sein, dass die Schüler nach zwölf Jahren Waldorfpädagogik durchaus in der Lage sein sollten, direkt auf die Hochschule zu wechseln.

> Von da ab [der 12.Klasse] sollte eigentlich der Übergang gefunden werden in die Hochschule, nicht später, da noch ein Jahr draufzusetzen, ist ja eine ebenso gescheite Maßnahme, wie sie der Staat ergreift, wenn er glaubt, es ist mehr Lehrstoff da, und ein Jahr aufblickt in der medizinischen Ausbildung.

(Steiner 1975, 125, 05.02.1924, GA 300c)

Der faktische Beweis für diese Einschätzung Steiners in Bezug auf seine Reformpädagogik konnte allerdings nicht erbracht werden, da ausschließlich die bestandene staatliche Reifeprüfung für den Besuch der Universität Voraussetzung war und auch immer noch ist. Ohne staatlich anerkannten Abschluss würde den Schülern der Waldorfschule der Zugang zur Hochschule verwehrt werden.

Steiner widerstrebte es, Zugeständnisse im Hinblick auf die staatliche Prüfungsordnung zu machen. Die nötige Reife der Schüler für einen Hochschulbesuch nach zwölf Jahren Schule stand für ihn jedoch außer Frage:

> [Die] Schulausbildung muss gewährleisten, dass diejenigen, die eine Hochschule besuchen wollen in der Lage sind, jedes beliebige Buch, das mit den Anfangsgründen beginnt und methodisch weiterschreitet, verstehen.

(Steiner 1989, 309, GA 31)

Es wird deutlich, dass Rudolf Steiner die Schullaufbahn an einer Waldorfschule so verstanden wissen wollte, dass die Schüler nach bestimmten Abschnitten nicht nur in die entsprechende Klasse einer anderen Schulen wechseln konnten, sondern auch in die Lage versetzt werden sollten, staatliche Prüfungen abzulegen. (Steiner 1975, 82, 28.04.1922, GA 300b)

Die erste zwölfte Klasse der neuen Waldorfschule versuchte sich nach zwölf Jahren Schulzeit 1924 mit einem Kompromiss am staatlichen Abitur. Grundsätzlich hatte man sich nicht vom Staat hereinreden lassen wollen in die Abschlüsse, dennoch waren Zugeständnisse an die Prüfungsordnung notwendig gewesen. Es zeigte sich, dass der erste Kompromiss nicht tragfähig war, denn von den neun Abiturienten des ersten Jahrgangs bestanden nur fünf. (Vgl. Stockmeyer 2001, 37)

Dieses Ergebnis bestätigte, was schon im Vorfeld problematisiert worden war. Es zeigte, dass ein erfolgreiches Bestehen des Abiturs möglichst aller zugelassenen Schüler nach zwölf Jahren nur mit gravierenden Abweichungen vom Lehrplan der zwölften Klasse möglich sein würde. Diese Lösung war für das Kollegium inakzeptabel. Die Bedeutung der zwölften Klasse als Abschluss und Vervollkommnung der entwicklungs- psychologisch begründeten Waldorf- ausbildung steht auch heute noch außer Frage. Der zwölften Klasse kommt eine besondere Bedeutung zu. Denn der Oberstufenlehrplan an der Waldorfschule kumuliert in der zwölften Klasse die Befähigung der jungen Menschen "*[...] die Welt erkennend und beurteilend zu durchdringen.*" (Steiner 1988, 128, 11.10.1922, GA 217)

Nach Steiner kommt die geistig intellektuelle Entwicklung des Menschen erst mit dem 18. Lebensjahr zu einer ersten Reife. Und so formuliert er ganz pragmatisch:

> „Ebenso wenig wie man vor dem siebten Jahre die zweiten Zähne kriegen kann, kann man vor dem 18. Lebensjahr wirklich etwas wissen von solchen Lebenszusammenhängen, die über die eigene Nasenlänge hinausgehen, von Dingen vor allem, für die ein aktives Urteil wichtig ist."

(Steiner 1988, 128, 11.10.1922, GA 217)

Der Schulgründer wünschte überdies, dass der Eintritt ins Erwachsenenalter für alle Schüler nach Möglichkeit noch innerhalb des geschützten Raumes der Schule stattfinden solle, da hier im Gegensatz zum Berufsleben der Persönlichkeitsentwicklung Raum gegeben werden könne. (Vgl. Steiner 1988, 128ff, 11.10.1922, GA 217)

Wie sollten nun die Schüler unter Beibehaltung der Inhalte der Waldorfpädagogik optimal auf die staatliche Reifeprüfung vorbereitet werden?

Eine Überlegung, eine parallele Abiturientenklasse mit Fokus auf die staatlichen Prüfungen neben der regulären Waldorfpädagogik der zwölften Klasse zu errichten, kam für Rudolf Steiner und sein Kollegium ebenfalls nicht in Frage, da ja möglichst alle Schüler, ob mit Abiturambitionen oder nicht, die vollständige Waldorfausbildung durchlaufen sollten. Und auch die Möglichkeit, die Schüler für die Vorbereitung der Abiturprüfung in eine andere Schule umzuschulen, verwarf Rudolf Steiner sehr schnell.

„Aber wir müssen schon selber dafür sorgen, dass es [das Abitur] absolviert werden kann, denn an eine andere Anstalt können wir unsere Schüler nicht abgeben" (Steiner 1975, 125, 05.02.1924, GA 300c) Das Einrichten einer 13. Klasse schien aber eine Lösung zu sein. Diese Klasse sollte ausschließlich der Abiturvorbereitung dienen: „Aber wenn wir den Lehrplan bis zum zwölften Jahre durchführen, dann können wir einen 13. Jahrgang zur Maturapauke verwenden." (Steiner 1975, 125, 05.02.1924, GA 300c)

So entschloss man sich 1924 zu einer durchgreifenden Änderung. Bis zum Ende der zwölften Klasse wurde nach dem kompletten Waldorflehrplan unterrichtet, ganz unabhängig davon, ob die Schüler die Reifeprüfung anstrebten oder nicht. Für diejenigen, die das Abitur anstrebten, wurde ein 13. Schuljahr als Vorbereitungsklasse (VK-Klasse) auf die staatlichen Abschlüsse angeboten.

Inhaltlich war und ist die 13. Klasse ausschließlich auf das Vermitteln der abiturrelevanten Inhalte reduziert.

Waldorfpädagogik findet sich dort nicht mehr. Rudolf Steiner und auch die heutigen Verfechter des traditionellen Waldorfabiturs gehen davon aus, dass die Schüler dann in ihrem Reifegrad soweit fortgeschritten sein sollen, dass dieses „Pauk-Jahr" gemeistert werden kann.

(Steiner 1975, 125, 05.02.1924, GA 300c) Steiner selber bezeichnete dieses Jahr als Verdummungsjahr. Er war überzeugt, dass die Schüler keinen relevanten Wissenszuwachs erfahren würden. Dieses Modell der VK-Klasse wird noch heute von den meisten Waldorfschulen in Deutschland angewendet. Erstmalig startete die VK- Klasse 1925, so dass in diesem Jahr kein Abitur an der Waldorfschule geprüft wurde. Inzwischen hatte sich die Schulgesetzgebung der Weimarer Verfassung ohnehin auf 13 Schuljahre zum Abitur festgelegt, so dass das 13. Jahr an der Waldorfschule kein Nachteil gegenüber den Schülern staatlicher Institutionen bedeutete.

Die beiden Argumente für die Einrichtung einer Vorbereitungsklasse lassen sich aus dem Vorausgegangenen leicht ersehen. Zum einen war es Rudolf Steiner wichtig, möglichst unabhängig von staatlichen Vorgaben seine nach dem anthroposophischen Menschenbild geprägte Pädagogik vollständig unterrichten zu können, für die nach seinem Verständnis zwölf volle Jahre notwendig waren. Doch obwohl er fest davon überzeugt war, dass die Waldorfschüler bereits nach den zwölf Jahren der Steinerschen Pädagogik die nötige Hochschulreife besaßen, wurde ihnen faktisch die staatliche Anerkennung dafür vorenthalten. Daher musste ein Kompromiss gefunden werden, um den starken Schülern die Hochschulzugangsberechtigung dennoch zu ermöglichen. Dieser konnte mit der VK-Klasse erreicht werden.

> Diejenigen, die nicht auf die Hochschule wollen, die müssen ihren Lebensweg so suchen. Für das Leben brauchbare Leute werden sie ohne Matura, denn sie werden das, was sie für das Leben brauchen, ja hier finden, und die, die auf die Hochschule sollen, können ruhig ein weiteres Jahr dazu verwenden, eben etwas zu verdummen. Ich glaube, man kann schon dieses 13. Jahr als Pauk–Jahr betrachten.
>
> (Steiner 1975, 125, 05.02.1924, GA 300c)

Aus diesem ersten Kapitel wird ersichtlich, dass die Frage nach der Erlangung der Hochschulzugangsberechtigung in der Waldorfpädagogik schon immer einen bedeutenden Raum einnahm. Der Schulgründer selber wünschte, dass die Schüler fähig sein sollten, nach Ablauf der zwölfjährigen Waldorfschule eine akademische Ausbildung zu beginnen. Die verbreitete Annahme, der Besuch der Waldorfschule sollte ursprünglich gar nicht für den Besuch einer Hochschule qualifizieren, ist also falsch. Daraus resultierend wird deutlich, dass die Anforderungen an die Schüler der Waldorfschule gegenüber den Schülern staatlicher Schulen keinesfalls geringer waren und sind. Dies ergibt sich auch aus der vom Gründer bewussten Implementierung der Wechselmöglichkeiten zwischen Staatsschule und Waldorfschule.

In Bezug auf den Schulabschluss erklärt Steiner dann auch mit großem Selbstbewusstsein, dass die Schüler in der Vorbereitungsklasse eher verdummen, als dass sie einen Zugewinn an Bildung erfahren würden, siehe oben. Daraus ergibt sich die Frage, mit welchem didaktischen und inhaltlichem Konzept Rudolf Steiner die Studierfähigkeit beziehungsweise die Ebenbürtigkeit des Abschlusses in vier Oberstufenjahren sicherstellen wollte.

Im Hinblick auf den Untersuchungsgegenstand dieser Arbeit wird an dieser Stelle angemerkt, dass die Anzahl der Abiturprüflinge zu Beginn der Waldorfpädagogik nur einen kleinen Teil der jeweiligen Klassen betraf. 1924 waren es neun Prüflinge. Heute ist mit Blick auf eine Abiturquote von 58,4 Prozent in Hamburg in 2016 der Druck auf die Abschlüsse an der Waldorfschule gestiegen.

(Quelle: Pressearchiv der Behörde für Schule und Berufsbildung)

2.2 Der Charakter der Waldorfpädagogik in der Oberstufe unter besonderer Berücksichtigung der Urteilsfähigkeit

Im folgenden Kapitel soll die prozessorientierte Konzeption der Waldorfpädagogik dargestellt werden, um die Bedeutung der zwölften Klasse als integraler Bestandteil der Ausbildung transparent zu machen.

Rudolf Steiner formulierte zu Beginn des 20. Jahrhunderts seine Gedanken zur Erneuerung des kulturellen, wirtschaftlichen und sozialen Lebens: Die so genannte soziale Dreigliederung sollte ein Leitbild für die gesellschaftliche Ordnung und Entwicklung sein. Rudolf Steiner beschreibt in mehreren Aufsätzen über die Dreigliederung des sozialen Organismus und zur Zeitlage eine Gesellschaft, deren Struktur nicht durch den Staat oder eine Führungselite geschaffen wird, sondern in der sich die drei Kernbereiche des Lebens, das Geistesleben, das Rechtsleben und das Wirtschaftsleben relativ autonom selbstverwalten und organisieren. (Vgl. Steiner 1915-1921, GA 24)

Er verfolgte in diesem Kontext die Loslösung der Schulen aus der Vormachtstellung des Staates und forderte Schulautonomie. Seines Erachtens bildete die Schule den Menschen so aus, wie der Staat den Menschen später zur Erfüllung der Lebensanforderungen brauchte.

> In den Einrichtungen der Schulen spiegeln sich die Bedürfnisse des Staates. Man redet zwar viel von allgemeiner Menschenbildung und ähnlichem, das man anstreben will; aber der neuere Mensch fühlt sich unbewußt so stark als ein Glied der staatlichen Ordnung, daß er gar nicht bemerkt, wie er von der allgemeinen Menschenbildung redet und eigentlich die Ausbildung zum brauchbaren Staatsdiener meint.

(Steiner 1982, 36, GA 24)

Rudolf Steiners Kritik am herrschenden Schulsystem ist noch heute aktuell. Die frühe Selektion und die Konzentration auf intellektuelles Wissen und kognitive Fähigkeiten zu Lasten der künstlerischen und praktischen Fächer führt auch heute noch dazu, dass vorwiegend ergebnisorientiert und nicht ganzheitlich gelehrt wird. Ausgehend von den Vorgaben der Kultusministerkonferenz der Länder, KMK, wird vorwiegend auf die Verwertbarkeit der erworbenen Kenntnisse (Ergebnisorientierung) und die Vergleichbarkeit der Leistungen geachtet und nicht auf die individuelle Lernbiographie des sich entwickelnden Menschen. Rudolf Steiner entwarf eine Schulausbildung angepasst an die jeweilige Entwicklungspsychologie des Kindes und formulierte seine Vision einer Einheitsschule. (Vgl. Richter 2010, 23) Die erste Waldorfschule wurde am 7. September 1919 eröffnet. Mit ihrem zwölfjährigen Ausbildungsgang kann sie als erste Gesamtschule Deutschlands angesehen werden. Diese Schule sollte allen Schülern offenstehen. Die gesamte zwölfjährige Schulzeit sollte zur Persönlichkeitsentwicklung von allen Schülern gemeinsam durchlaufen werden, unabhängig von den nachschulischen Ambitionen. (Vgl. Stockmeyer 2001, 30) Das gemeinsame Lernen in heterogenen Lerngruppen sowie die Gleichbehandlung von handwerklich-künstlerischen Fächern und kognitiv-intellektuellen Fähigkeiten war grundsätzlich neu und schürte die Skepsis an den Fähigkeiten der Absolventen nach zwölf Jahren. Auch die Koedukation von Mädchen und Jungen war ein Novum. Doch gerade durch das Konzept des gemeinsamen Lernens und die Relevanz der künstlerischen und praktischen Fächer in Zusammenspiel mit den wissenschaftlichen und kognitiven Fächern sollte in den jungen Menschen die Fähigkeit zu lebenslangem Lernen angelegt werden. (Richter 2010, 75)

Der Schüler sollte keinesfalls mit einem fertig gepackten Rucksack ins Leben entlassen werden, sondern vielmehr mit dem Rüstzeug ausgestattet werden, sich im Gleichklang mit den Anforderungen des Lebens ständig weiterzubilden beziehungsweise entwickeln zu können. Die schulische Lernleistung macht also nur einen Teil des Bildungsauftrages aus. Die Qualität der Bildung und des Unterrichts erweist sich erst in der langfristigen Wirkung auf die Persönlichkeitsentwicklung. *„Doch diese kann man nicht messen oder kontrollieren, sondern höchstens dokumentieren."*

(Vgl. De Vries 08/2016, Erziehungskunst)

Rudolf Steiner ging es um das individuelle Menschwerden der einzelnen Schülerpersönlichkeit mit all ihren Facetten. In der Folge werden handwerklich praktische Fähigkeiten genauso geschätzt wie intellektuelle Leistungen. Mehr noch: handwerkliche Fähigkeiten, wie etwa das Stricken, genießen einen hohen Stellenwert in der Waldorfpädagogik.

> [...] In dieser Betätigung (stricken) der Hände drückt sich, bildet sich dasjenige aus, was tatsächlich die Urteilsfähigkeit um Wesentliches erhöht. Diese Urteilsfähigkeit wird am wenigsten ausgebildet beim Menschen, wenn man ihn logische Übungen machen lässt. [...] Höchstens trägt man etwas dazu bei, dass seine Urteilsfähigkeit starr wird.

(Steiner 1976, zit. n. Stockmeyer 2001, 33)

In der Konsequenz bedeutet dies, dass die Leistung eines Schülers, der einen perfekten Schal stricken kann, genauso wertgeschätzt wird, wie die sprachlich hervorragende Ausarbeitung im Deutschunterricht. Diese Einstellung steht damals wie heute dem herrschenden staatlichen System entgegen. Rudolf Steiner selbst sagt:

> Nicht gefragt soll werden: Was braucht der Mensch zu wissen und zu können für die soziale Ordnung, die besteht – sondern: Was ist im Menschen veranlagt und was kann in ihm entwickelt werden?"

(Steiner 1982, 37, GA 24)

Der Wert von nicht prüfbaren Fähigkeiten wird in steigendem Maße auch von staatlicher Seite wertgeschätzt. So ließen sich graduellen Annäherungen an die fast einhundertjährige Waldorfpädagogik durch Schulorchester, Schulgärten, spätere Notengebung, Fächer wie Darstellendes Spiel und zuweilen sogar Epochenunterricht an einigen Schulen erklären.

Dennoch ist nach wie vor der überwiegende Teil der anerkannten staatlichen Leistungen, die Kinder heute erbringen müssen, vorwiegend auf kognitive Fähigkeiten beschränkt. Eine normative Leistungserbringung entscheidet über Schulabschlüsse, nicht die individuellen Potentiale der einzelnen Schüler. Fähigkeiten und Interessen gehen so verloren oder werden als minderwertig angesehen. *„Eine 'objektive', normierte Leistung geht an der menschlichen Realität des einzelnen, lernenden und sich entwickelnden Menschen vorbei."* (Esterl 1997, 14)

Und so ist die Pädagogik Steiners darauf ausgelegt, dass die Kinder aus sich heraus lernen. Ein wichtiges Element ist die Prozessorientierung, die sich auch in dem Verzicht auf Noten zeigt. Durch den Druck von Noten findet eine Fokussierung auf das Ergebnis statt, welche den Prozess beeinflusst und die Entwicklung vernachlässigt. Ausgehend von dieser Sichtweise wird deutlich, weshalb die zwölfte Klasse so wichtig ist. Sie bildet den Kulminationspunkt der schulischen Entwicklung. Jetzt sollen die Kenntnisse aus elf Schuljahren in einem übergeordneten Weltzusammenhang sichtbar werden. Die Ausbildung an einer Waldorfschule unterteilt sich nach außen in zwei große Einheiten. Die Klassenlehrerzeit von der ersten bis zur achten Klasse und nachfolgend die Oberstufe. Diese beginnt in der neunten Klasse und endet mit der zwölften Klasse. Die Aufgabe der Oberstufe ist es im Wesentlichen, die Urteilskräfte des Heranwachsenden auszubilden. Die Ausbildung dieser Fähigkeiten ist ein, sich über mehrere Stufen des Denkens, Fühlens und Wollens vollziehender Komplex. (Vgl. Rauthe 1990, zit. n. Zech 2016, 36ff.) Dieser erfolgt ebenso in Anlehnung an die Entwicklungspsychologie des Heranwachsenden wie dies auch die in der Entwicklung des schulpflichtigen Kindes bis hin zum pubertierenden Jugendlichen der Klassenlehrerzeit der Fall war. Konkret bedeutet dies, dass der Lehrplan der jeweiligen Klassenstufe den Bedürfnissen und Erfordernissen der Entwicklungsstufen angepasst ist und Inhalte und Methoden niemals willkürlich sind, sondern immer in direktem Zusammenhang mit der Ausbildung des Ichs beziehungsweise der individuellen Persönlichkeit des Schülers stehen.

So wird zum Beispiel Faust von Goethe angesichts der Komplexität der werkimmanenten Themen in der zwölften Klasse bearbeitet, in staatlichen Gymnasien, wenn überhaupt, teilweise schon in der zehnten Klasse. Goethes Menschheitsdrama *„charakterisiert wie nur wenige andere Gestalten den modernen Menschen in seinem Ringen um Erkenntnis."* (Richter 2010, 147) Daher wird dieses Werk im letzten Schuljahr angesiedelt. In der zehnten Klasse kann das Werk nach Auffassung Steiners noch nicht in voller Tiefe durchdrungen werden. So verhält es sich mit vielen Themenkomplexen, die in Anlehnung an die geistige Reife unterrichtsrelevant werden. Die Erziehung nach Entwicklungsstufen zieht sich nach Steiner unabhängig vom angestrebten nachschulischen Werdegang durch alle zwölf Jahrgänge.

Die Oberstufenmethodik sieht vor, nicht einfach Gelerntes in Abfragekontrollen sichtbar zu machen, sondern den Schüler aus sich heraus mit dem Thema zu verbinden, das heißt, dass Unterricht immer flexibel bleiben muss, damit die Schüler ihre Persönlichkeit in die Auseinandersetzung mit dem Thema einbringen können. Dies wird zum Beispiel durch den Epochenunterricht, der auch in der Oberstufe beibehalten wird, möglich. So kann man ein Thema stärker vertiefen und intensiv eintauchen.

Die zwölfte Klasse bildet den Übergang vom schulischen Lernen zum selbstbestimmten Leben. Im letzten Jahr der Waldorfschulzeit soll der Bildungsgang des Jugendlichen zu einem gewissen Abschluss gelangen. Es soll zur Reife kommen, was in den bisherigen Jahren angelegt worden ist. (Vgl. De Vries 02/2017, Erziehungskunst). Tobias Richter fasst die Zielsetzung im Waldorf Lehrplan treffend zusammen:

> Hatte er (der Schüler) sich an der Hand der Erwachsenen in seiner Kindheit
> unbewusst Schritt um Schritt in das «geerbte» Milieu seiner elterlichen Umwelt und
> in den Wertekanon der Gesellschaft hinein integrieren und später dann aus ihnen
> emanzipieren können, so fragt er jetzt bewusst nach einer menschenwürdigen
> Gesellschaft und einer Welt, die er selbst mitgestalten möchte.

(Richter 2010, 146)

Die Herausbildung der Urteilskräfte, des freien, autonomen Menschen als Ziel der Oberstufenpädagogik an der Waldorfschule unterteilt sich in vier Phasen. Die Schüler sollen in den vier (Klasse neun bis zwölf) Jahren der Oberstufe in die Lage versetzt werden, reflektierend und eigenständig, individuell und fachlich kompetent, sich den Aufgaben des Erwachsenenlebens zu stellen. Jeder Unterricht richtet sich an die Ausbildung der individuellen Persönlichkeit. In der Waldorfpädagogik wird auch von der Erziehung zur Fragefähigkeit gesprochen. Jede Normierung verbietet sich daher von selbst.

Zum Verständnis des Aufbaus der Oberstufe an Waldorfschulen sollen die einzelnen Stufen kurz skizziert werden. Dies erfolgt in Anlehnung an die Begriffswahl von Wilhelm Rauthe. (Vgl. Rauthe 1990, 73)

Der erste Oberstufenjahrgang an der Waldorfschule ist die neunte Klasse. Mit dem Beginn der Pubertät setzt Steiner eine Zäsur zu den vorangegangenen Jahren. Der Klassenlehrer gibt die Klasse an Fachlehrer ab, die den Heranwachsenden weiter ausbilden sollen.

> Der Mensch beginnt von diesem Lebensalter (die Pubertät) an erst sich unmittelbar urteilend, von seiner Persönlichkeit aus urteilend, sich auslebend in Sympathie und Antipathie, zur Welt sich zu stellen. [...] Der Mensch wird da erst reif, sich an die Welt so hinzugeben, dass in ihm selbständiges Denken, selbständiges Fühlen, selbständiges Beurteilen der Welt stattfindet.

(Steiner 1979, 161, GA 304)

Nach Steiner ist die Zeit der neunten Klasse eine Zeit großer Umbrüche und Unsicherheiten. Die Schüler beginnen sich erstmals als Subjekt in der Welt zu verorten. Das Behandeln von Themen im Weltzusammenhang, Zusammenhänge erkennen, Ideale hinterfragen, das sind die Aufgaben in diesem Alter. Eigene Fragestellungen entwickeln. Sie lernen Erlebtes, Imaginäres und Empirisches in einem Denkprozess aktivieren und lernen, sich eigene Gedankengänge zu erschließen. (Vgl. Zech 2016, 43)

Dazu können Themen wie die Partizipation der Bürger am Gemeinwohl oder auch Infragestellungen des Systems gehören. Die Schülerinnen und Schüler lernen so auch deren Interdependenzen, deren politische Rahmenbedingungen, deren Missbrauch in Ideologien kennen und entwickeln so die Voraussetzung, persönliche Ideale und Zielsetzungen mit Lebens- und Wirklichkeitssinn umzusetzen.

Die theoretische Urteilskraft bildet sich in der zehnten Klasse aus. In der zehnten Klasse entwickelt sich nach Wilhelm Rauthe die theoretische Urteilskraft. Michael Zech spricht von folgernd-verknüpfend-kausalen Urteilen. (Vgl. Zech 2016, 43)

Erkenntnis kann jetzt zunehmend durch reine Denkprozesse erworben werden. So lassen sich zum Beispiel von Klimabedingungen Rückschlüsse auf Bevölkerungs- und Kulturentwicklungen ableiten. Es ist analytisches Denken gefragt. Nachdenken findet nicht nur als Nachvollziehen und Erfassen statt, sondern in der Fähigkeit, abstrakte Denkmodelle zu visualisieren. (Vgl. Zech 2016, 44)

Jetzt sollten sich die Schüler mit den Hypothesenangeboten verschiedener Forscher und Autoren auseinandersetzen. Die Schüler lernen auch vermeintlich Unverrückbares in Frage zu stellen. Als Beispiel wäre die Fragestellung zu nennen, ob kulturelle Veränderungen durch veränderte Bedingungen oder durch mentalen Wandel zustande kommen. Die Schüler können sich über den Verstand erfahren. Sie erkennen zunehmend, dass sie sich Brücken bauen können zur Welt durch das reine Denken. In der elften Klasse wird von der beseelten Urteilskraft gesprochen. Die Schüler sind jetzt in der Lage, fremde Standpunkte auf mehreren Ebenen zu reflektieren. Dies äußert sich in der Fähigkeit, unabhängig vom eigenen Standpunkt argumentieren zu können, das eigene Ich abzugrenzen vom Gegenstand der Auseinandersetzung. Im Deutschunterricht der Waldorfschule wird jetzt häufig Wolfram von Eschenbachs Entwicklungsroman Parzival besprochen. Hier geht es um den zuweilen schmerzvollen Erkenntnisweg und das heraufdämmernde Wissen, dass die Erfahrung der Freiheit einen hohen Preis hat: die Einsamkeit. Die Schüler erkennen sich als handlungsfähig in der Welt.

Die zwölfte Klassenstufe als letzte Stufe zur Erlangung der Urteilsfähigkeit hat in diesem Stufenmodell eine besondere Bedeutung. Denn hier soll die Persönlichkeitsentwicklung und der inhaltliche Überblick und Wissenskanon zu einem Zusammenschluss kommen. Der junge Mensch erreicht hier die nötige Reife, um in die außerschulische Welt entlassen zu werden. Die zwölfte Klasse bildet den Übergang vom schulischen Lernen zum selbstbestimmten Leben.

In der zwölften Klasse sollen sich das Gelernte und Erkannte horizontal und vertikal verzahnen, so dass aus einer gewissermaßen übergeordneten Sicht der Weltzusammenhang und damit auch das eigene Sein in der Welt ergriffen werden kann. (Vgl. Richter 2010, 87)

Hier kulminiert gewissermaßen was in den zwölf Jahren der Waldorfschulzeit angelegt wurde.

> Im Lehrplan der zwölften Klasse soll erscheinen, was der bedeutendste Bildungsaspekt der Waldorfschule ist: Der Mensch - Seele der Schöpfung; Der Mensch als zentrales Wesen im Kosmos. Damit ist fächerübergreifend das Jahresthema des zwölften Schuljahres umrissen.

> (Richter 2010, 91)

Vor diesem Hintergrund wird deutlich, weshalb ein in Frage stellen der zwölften Klasse durch ein Aufweichen der zentralen Inhalte als Zugeständnis an die staatlichen Vorgaben hochproblematisch ist. (Vgl. De Vries 02/2017, Erziehungskunst)

2.3 Die Bedeutung der zwölften Klasse vor dem Hintergrund staatlicher Abschlüsse - Sind zwölf Jahre Waldorf in Stein gemeißelt oder verhandelbar?

Dennoch erfordern die Veränderungen der staatlichen Vorgaben im Hinblick auf die Abschlüsse nicht nur in Hamburg grundlegende Überlegungen über die auf zwölf Jahre ausgelegte Schullaufbahn an einer Waldorfschule. Auch bundesweit gibt es zahlreiche Überlegungen zu einem zeitgemäßen, eventuell sogar individuellen Weg zum Abitur an Waldorfschulen.

Wie im vorherigen Abschnitt beschrieben, sollen alle Schüler über die vier Stufen der Urteilsfähigkeit oder auch Erkenntnisfähigkeit zu einem Grad der Reife geführt werden, der, so hatte es Rudolf Steiner vorgesehen, nahtlos zu einem Besuch der Hochschule befähigt. Diejenigen Schüler, die keine akademische Ausbildung anstrebten, sollten nach Rudolf Steiner dennoch die volle Schulzeit durchlaufen können, um ihnen so ebenfalls ein möglichst umfassendes Begreifen der sie umgebenden Welt zu vermitteln. Vorrangiges Ausbildungsziel ist und war die Persönlichkeitsbildung und -entwicklung, nicht die Anhäufung von leerem Wissen. (Steiner 1921 (GA 174b), zit. n. Stockmeyer 2001, 27ff.)

Damals wie heute ergibt sich aus der Situation der Nicht Abiturienten in der Oberstufe eine besondere Herausforderung. Damals verließen viele Schüler die Waldorfschule bereits nach der achten Klasse, dem Ende der damaligen Volksschulzeit, um das Berufsleben zu beginnen. Heute wird an den staatlichen Schulen der mittlere Bildungsabschluss (MSA) nach der zehnten Klasse vergeben, so dass zwei weitere Schuljahre an der Waldorfschule bis zum (staatlichen) mittleren Bildungsabschluss nach der zwölften Klasse nur schwer vermittelbar sind, wenn die Schüler nicht das Abitur mit Vollendung der 13. Klasse anstreben. Die Realisierung eines Berufskollegs beziehungsweise praktischen Zweigs ist zwar schon von Rudolf Steiner in den Anfangsjahren thematisiert worden, ist jedoch bis heute, bis auf wenige Ausnahmen, nicht realisiert worden. Auf die grundsätzliche Problematik dieser Fragestellung soll an dieser Stelle nicht weiter eingegangen werden.[2]

---

[2] Weitere Infos zu diesem Thema: Waldorf Berufsfachschule, www.wbfs-hamburg.de

Viele Waldorfschulen haben diesen Abstand inzwischen auf ein Jahr verringert und vergeben den mittleren Bildungsabschluss, unter nach Bundesland variierenden Bedingungen, bereits nach der elften Klasse. Es stellt sich für die Nicht Abiturienten infolgedessen die Frage, weshalb dann noch die zwölfte Klasse besuchen? In Nordrhein-Westfalen beispielsweise verlassen jedes Jahr etwa 300 Schüler die Waldorfschule nach der elften Klasse. (Vgl. De Vries 02/2017, Erziehungskunst)

Daraus resultierend ergibt sich insgesamt die Frage nach der Daseinsberechtigung der zwölfjährigen Dauer der Waldorfausbildung für alle Schüler.

Entwicklungspsychologisch betrachtet, kommt der nach Rudolf Steiner angestrebte Grad der Reifung erst in der zwölften Klasse zur Blüte. Inhaltlich drückt sich dies in den zentralen Inhalten aus. Dies sind im Wesentlichen die Jahresarbeit, der Eurythmieabschluss, die Kunstreise, das Klassenspiel und die Überblicksepochen in den einzelnen Fächern. Gerade mit der Jahresarbeit könnte theoretisch den Nachweis der Hochschulreife nachgewiesen werden.

Sie könnte auf dem Niveau einer Forschungsarbeit angesiedelt sein und dokumentieren, dass sich der junge Mensch eigenverantwortlich, reflektiert und umfassend mit einem

Thema auseinandersetzen kann. In der Auseinandersetzung mit der Jahresarbeit soll es dem jungen Erwachsenen gelingen, Intellekt, Kunst und Praxis miteinander zu verbinden. Idealerweise sollen sich die drei übergeordneten Schwerpunkte der Waldorfausbildung Intellekt, Kunstverständnis und praktische Fähigkeiten zu einem höheren Ganzen verbinden. Dies war auch die Zielsetzung Rudolf Steiners, der sowohl für die Schüler, die eine akademische Laufbahn anstrebten wie auch für die Schüler, die handwerklich praktisch tätig werden würden, ein möglichst umfassendes Verständnis für die Zusammenhänge der Welt anstrebte, siehe oben.

Die eigenverantwortliche Auseinandersetzung mit der Jahresarbeit soll dokumentieren, dass der volljährige Schüler als reflektierter und kritischer Zeitgenosse und fähig zu einem Urteil, sich mit Zusammenhängen und Fragestellungen seiner Zeit auseinandersetzen kann. Die notwendige Voraussetzung für einen erfolgreichen Hochschulbesuch. So hatte es Rudolf Steiner ursprünglich auch angelegt.

Im Spannungsfeld zwischen zwölf Jahren Entwicklungsprozess in der Waldorfschule und den faktischen Gegebenheiten der staatlichen Abschlüsse einerseits und den pragmatischen Entscheidungen der Schüler ohne

Abiturambitionen andererseits, bewegt Dr. Richard Landl[3] in einem Artikel zur Zeit der Umstellung der Hamburger Waldorfschulen auf die Studienstufe die Überlegung, ob zwölf Jahre Waldorfpädagogik auch heute noch zwingend und unantastbar sind.

Er hinterfragt, ob die zwölf Jahre in jedem Fall eine anzustrebende Entwicklungseinheit bilden, die verteidigt werden muss, oder ob eine Neugestaltung möglich wäre, ohne auf wesentliche Qualitäten zu verzichten. (Vgl. Landl 10/2007, Erziehungskunst)

Die Überlegungen Landls stellen die Dauer der Waldorfausbildung insofern in Frage, als dass er vor dem Hintergrund veränderter gesellschaftlicher Rahmenbedingungen für die Schüler von heute auch eine elfjährige Ausbildung für denkbar hält.

Er führt dafür unter anderem den nach seinem Entdecker benannten Flynn Effekt an. Dieser beschreibt 1987 erstmals die Tatsache, dass Intelligenztests in hochentwickelten Industrienationen über mehrere Jahrzehnte zu immer besseren Ergebnissen führten. Es zeigte sich, dass die Verbesserung der Ergebnisse pro Generation zwischen fünf und 25Punkt en liegt. Es gibt für diese Entwicklung unterschiedliche Erklärungsansätze. (Flynn 1987, 171ff.)

So scheinen etwa eine bessere Ernährung, ein früheres Erreichen der Geschlechtsreife sowie bessere schulische Förderung und die höheren Anforderungen an ein abstraktes Denkvermögen, etwa hervorgerufen durch den zunehmenden Gebrauch von Elektronik, Begründungen zu liefern.

Des Weiteren führt Richard Landl in seinem Essay weitere Rahmenbedingungen an, welche dazu führen könnten, dass Schüler heute früher reifen als Vorgängergenerationen.

Dazu gehört eine Verkürzung der Kindheit durch den früheren Eintritt in die Geschlechtsreife sowie auch die Informationsüberflutung und gefüllte Terminkalender schon bei Kindern. Gleichzeitig herrscht ein höheres Lebenstempo als zu Rudolf Steiners Zeiten. Dieses könnte Auswirkungen auf die Emotional- und

---

[3] Landl, Dr. Richard; Vorstand des Bundes der Freien Waldorfschulen; Präsident des European Council for Steiner Waldorf Education.

Willensentwicklung haben. Die Erkenntnisse des Flynn Effekts werden nach Dr. Richard Landl bislang in der Waldorfpädagogik nicht berücksichtigt.

Gerade im Übergang von Klassenlehrerzeit zur Oberstufe sieht er Möglichkeiten, den Unterricht anzupassen. Menschenkundlich gebe es keine Begründung für die scharfe Trennung zwischen Klassenlehrerzeit und Oberstufenlehrerzeit. Auf die Umbruchzeit der Pubertät werde nicht angemessen reagiert. (Vgl. Landl 10/2007, Erziehungskunst)

Auch Rudolf Steiner hatte schon mit dem Problem der Abwanderung von Schülergruppen zu kämpfen. Zu seiner Zeit betraf es vorwiegend die achte Klasse. Nicht wenige Schüler verließen die Schulen nach der regulären Volksschulzeit von acht Jahren. So ergab es sich fast zwangsläufig, dass die verbleibenden Schüler zum großen Teil Abiturpotenzial hatten und die damalige Oberstufe annähernd eine gymnasiale (Waldorf) Oberstufe darstellte. Rudolf Steiner selbst wünschte angesichts der Realitäten seiner Zeit, dass besonders die Waldorfausbildung bis zum 14. Lebensjahr (Ende der Volksschulzeit) punktgenau einzuhalten sei. Für die folgenden Jahre bis zum Ende der Waldorflaufbahn zeigte er sich flexibler. Es sei nicht das Ziel, alles bereits in der Schule erreichen zu wollen. Der Lehrer müsse Vertrauen in die gelegten Keime und die geweckten Entwicklungsimpulse der Schülerindividualitäten haben.

(Steiner 1975, 34ff., GA 300c)

Entscheidender als elf oder zwölf Jahre Waldorfschule wäre also, ob es gelänge, die waldorfpädagogischen Qualitäten in den zur Verfügung stehenden Jahren verwirklichen zu können: *„Denn wir müssen uns vergegenwärtigen, dass am Ende der Schulzeit in jedem Fall nicht der gepackte Rucksack steht, sondern ein offener, lebenslanger Prozess."* (Landl 10/2007, 1110, Erziehungskunst)

Wenn das Bildungsziel der Waldorfpädagogik erreicht ist, so Landl, kann der frei denkende und urteilende Mensch in die Welt entlassen werden.

Insgesamt wird auch hier deutlich, dass sich die zwölfte Klasse in einem latenten Umbruch befindet. Dies ist einerseits den staatlichen Rahmenbedingungen geschuldet, andererseits den gesellschaftlich immanenten Veränderungen. Hier lässt sich, wie oben beschrieben, unter anderem der Flynn Effekt und seine Ursachen anführen. Auch vor diesem Hintergrund lassen sich die Entscheidungen der Hamburger Waldorfschulen für die Einführung der gymnasialen Studienstufe einordnen.

2.4 Abschlüsse an Hamburger Waldorfschulen nach der Gesetzesnovelle des Hamburgischen Schulgesetzes von 2003

Im nachfolgenden Kapitel soll dargelegt werden, welche Folgen die Gesetzesnovelle der Hamburger Schulbehörde vom März 2003 auf die Abschlüsse an Hamburger Waldorfschulen hatte.

In Hamburg gibt es derzeit sieben Waldorfschulen. Sie befinden sich in den Stadtteilen Farmsen, Bergstedt, Harburg, Bergedorf, Nienstedten und Altona. Die siebte Hamburger Waldorfschule, die Christian Morgenstern Schule, liegt in der Sternschanze und war zum Zeitpunkt der Schulreformpläne 2003 noch nicht von den Auswirkungen betroffen. Eine Abiturprüfung wird erstmals 2019 stattfinden.

Bis auf eine Ausnahme haben sich die Hamburger Waldorfschulen zum Schuljahr 2007/2008 für die Einführung der gymnasialen Oberstufe in der zwölften und 13. Klasse entschieden. Auch die Christian Morgenstern Schule hat sich für den Weg der Profiloberstufe entschieden. Diese Entscheidung ermöglicht den Schülern, Kursleistungen aus der zwölften und 13. Klasse ergänzend zu den reinen Prüfungsleistungen mit in das Abitur einzubeziehen. Die reine Waldorfpädagogik endet somit nach der elften Klasse. Die Ausnahme bildet die Waldorfschule in Farmsen. Hier wird, nach wie vor zwölf Jahre Waldorfpädagogik unterrichtet. Die 13. Klasse, die VK-Klasse, dient der reinen Abiturvorbereitung.

Mit dem Ausscheren aus dem traditionellen Weg der Waldorfschulen zum Abitur nimmt Hamburg neben Hessen eine Sonderrolle in Deutschland ein. Mit dem Inkrafttreten des neuen Hamburger Schulgesetzes (HmbSG) zum Schuljahr 2003/2004 war ein Überdenken der bisherigen Wege zu den Schulabschlüssen notwendig geworden.

(Vgl. Novellierung Hamburger Schulgesetz 2003)

Die Veränderung der Prüfungsordnung sah vor, dass sämtliche Abschlüsse zukünftig ausschließlich durch das erfolgreiche Bestehen von Prüfungen vergeben werden sollten. (Hamburger Schulgesetz, § 46, Artikel 1 und 2.) Die bisherige Regelung in Hamburg, gleichzeitig mit dem Ausscheiden aus der Waldorfschule nach der zwölften Klasse ohne Prüfung den Realschulabschluss anerkannt zu bekommen, konnte daher in der bisherigen Form nicht weitergeführt werden. Die Novelle sah unter anderem eine Schulzeitverkürzung an Gymnasien auf zwölf Jahre vor. (Hamburger Schulgesetz, § 15) Gleichzeitig wurde angestrebt, zukünftig zunehmend mit zentralen Prüfungen zu arbeiten, um eine Vergleichbarkeit der

Schülerleistungen zunächst auf Länderebene, seit einigen Jahren in einigen Fächern auch auf Bundesebene, herzustellen. Zentrale Prüfungsaufgaben kamen erstmals zum Schuljahr 2005/2006 zum Einsatz.

Die von der Hamburger Schulbehörde auferlegten Neuerungen zwangen die Rudolf-Steiner-Schulen der Hansestadt dazu, sich mit den Folgen für die Abschlüsse auseinanderzusetzen. Durch die Einführung von zentralen Prüfungen wurde die Belastbarkeit des bisherigen Modells in Frage gestellt.

Wie bereits an anderer Stelle ausgeführt, beabsichtigte Rudolf Steiner die Schüler mit seiner Pädagogik sowohl durch die staatlichen Prüfungen zu bringen als auch Schulwechsel zwischen staatlicher Schule und Waldorfschule zu ermöglichen. Die Anerkennung des Realschulabschlusses nach der zwölften Klasse Waldorfschule von staatlicher Seite bedeutete nicht, dass die Schüler in ihrem Wissen und ihrer Entwicklung erst auf dem Niveau der Zehntklässler stünden. Es galt vielmehr festzustellen, dass überhaupt ein staatlicher Abschluss vergeben werden konnte, der dann im Berufsweg anerkannt würde. Durch diese Regelung hatten die Schulen relativ freie Hand was den Aufbau des Lehrplans anbelangte. Rudolf Steiner selber hielt den Realschulabschluss für nicht bedeutsam. Er strebte an, wie beschrieben, dass die Schüler mit der Beendigung der zwölften Klasse bereits die Hochschulreife besäßen.

Die vom Hamburger Senat beschlossenen Änderungen, lediglich durch Prüfungsleistungen einen staatlich anerkannten Abschluss zu erhalten sowie zentrale Inhalte zu integrieren, bedeuteten einen gravierenden Eingriff in das System, da jetzt eine Annäherung und Einbeziehung der staatlichen Vorgaben in den Waldorflehrplan unvermeidlich wurde. Vor eben jener staatlichen Einmischung hatte Rudolf Steiner seine Schule von Anfang an bewahren wollen. Wohl wissend um die nachschulische Problematik eines fehlenden (staatlich) anerkannten Waldorfabschlusses nach zwölf Jahren, wird seit vielen Jahren an einem eigenen Waldorfabschluss geforscht. Daneben wird in vielen Waldorfschulen nach der zwölften Klasse ein eigener Portfolio-Abschluss vergeben, in welchem die erworbenen Kompetenzen sichtbar gemacht werden.

Auf den Stand der Bemühungen um einen anerkannten Waldorfabschlusses und die inhaltliche Ausgestaltung des Portfolios soll an dieser Stelle nicht näher eingegangen werden.

(Jahresbericht Bund der Freien Waldorfschulen 2017, 26ff.)

Heute wird der erste Bildungsabschluss (EAS) nach der zehnten Klasse in allen Hamburger Waldorfschulen möglich. Er wird vor allem von Schülern absolviert, bei denen die Perspektive, den mittleren Bildungsabschluss (MSA) zu erreichen, noch offen ist. Für den EAS und den MSA werden die Prüfungsfragen von einem Fachkollegenteam erarbeitet und dann der Schulbehörde zur Prüfung vorgelegt. In den Fächern Deutsch, Englisch und Mathematik finden die Prüfungen waldorfzentral statt.

(Vgl. HmbSG, § 29, 30)

Die Aufgaben an der Waldorfschule müssen denen der staatlichen Schule gleichwertig sein. Die Prüfungen gelten als bestanden, wenn die Schüler im EAS ausreichende Bewertungen und im MSA gute Bewertungen im grundlegenden Anforderungsniveau nachweisen können. Geprüft wird mündlich und schriftlich in den Fächern Deutsch, Englisch und Mathematik. Die mündliche Prüfung kann als Gruppenleistung bewältigt werden mit jeweils fünf Prüflingen. Für den MSA muss darüber hinaus eine Evaluation in der zweiten Fremdsprache erfolgen.[4] Dies ist in der Regel in Französisch oder Russisch, seltener in Spanisch der Fall. Für den Einstieg in die Profiloberstufe wird das Bestehen der Realschulprüfung mit mindestens ausreichenden Leistungen auf erhobenen Niveau vorausgesetzt. Hinzu kommt eine Überprüfung in der zweiten Fremdsprache auf dem Niveau B1 des europäischen Referenzrahmens für Sprachen. Die Sprachprüfung kann durch die Verpflichtung ersetzt werden, eine dritte Fremdsprache für drei

Jahre im Umfang von vier Wochenstunden zu belegen. (Vgl. HmbSG, § 8) Schüler mit einem MSA der Rudolf-Steiner-Schulen in Hamburg können direkt in die Studienstufe des Gymnasiums oder der Stadtteilschule wechseln. (Vgl. HmbSG, § 8)

Die Prüfungsregelungen zu den einzelnen Abschlüssen weichen in den sechzehn Bundesländern stark voneinander ab. Durch die Änderung in Hamburg, die nun vorsah, dass eine bisher nicht dagewesene Prüfung zur Erlangung des MSA notwendig wurde, war es sinnvoll, den Zeitpunkt für diese Prüfungen vorzuverlegen, um nicht Stoff der neunten und zehnten Klasse zur Prüfungsvorbereitung in der zwölften Klasse unterrichten zu müssen. (Vgl. Protokoll 27.08.2003)

---

[4] Wird ab Schuljahr 2017/2018 nicht mehr gefordert.

Durch die Gesetzesnovelle wurde eine Prüfung eingefordert, deren Niveau auf den Wissensstand der Schüler am Ende der zehnten Klasse eingerichtet war. Diese Diskrepanz zwischen dem Niveau des Realschulabschlusses und dem Entwicklungsalter und Kenntnisstand der 16- bis 17-jährigen Prüflinge an einer Waldorfschule stellte für die Beteiligten eine besondere Herausforderung dar und verlangte nach einer Auflösung. (Vgl. Protokolle 25.05.2205 und 27.08.2005)

In Bezug auf das Leistungsniveau der Waldorfschüler nach Klasse Zwölf gab es eine eklatante Fehleinschätzung auf Seiten der Hamburger Schulbehörde. Dies wurde im Kontext mit der Umstellung zur Studienstufe offenkundig, als die Rechtsabteilung der Behörde Zweifel äußerte, ob die Schüler der elften Klasse überhaupt in der Lage wären, den Realschulabschluss zu bestehen. Die Absurdität dieser Annahme dokumentiert auch Klaus Michael Maurer im Protokoll Arbeitskreis Schulaufsicht/Schulabschlüsse vom 09.11.2005:

> Fazit: Die Vermutung, dass die Lehrpläne in Klasse 11 – die eindeutig dem Niveau der Sekundarstufe II entsprechen – noch unter (!) dem Niveau von Klasse 10 (!) liegen würden, und deshalb nicht zum Realschulabschluss ausreichend sein könnten, ist so abwegig und durch jahrelange Praxis in verschiedener Hinsicht als unhaltbar erwiesen, dass sie ernsthaft nicht aufrecht erhalten werden können.

Durch das Vorverlegen des MSA in die elfte Klasse ergibt sich ein Dilemma für diejenigen Schüler, die voraussichtlich kein Abitur machen werden. In Bezug auf staatliche Abschlüsse entsteht durch den Besuch der zwölften Klasse kein Mehrwert.

Einige Schüler verlassen daher die Waldorfschule nach der elften Klasse. Dies ist nicht im Interesse der Schulen und auch nicht im Interesse Rudolf Steiners.

Rudolf Steiner legt, wie beschrieben, in seinen Planungen für die erste Waldorfschule sehr viel Wert darauf, dass auch diejenigen Schüler bis zur zwölften Klasse im Schulsystem bleiben konnten, die keine Hochschullaufbahn anstrebten. Doch schon damals gab es, wie beschrieben, erhebliche Probleme, diese Schüler an der Schule zu halten.

> Es ist deutlich, was Rudolf Steiner [...] wollte, den jungen Lehrlingen eine menschliche Bildung geben wie den Kindern, die akademische Berufe anstrebten, ihre unproduktive Ausnutzung im Betrieb abschaffen, um für sie [...] noch Zeit für eine ökonomisch geleitet Ausbildung im Beruf zu gewinnen"

(Stockmeyer 2001, 29)

Es wurde schon damals um die Möglichkeit gerungen, neben Klassen „gymnasialer Ausbildung" eine praktisch orientierte Klasse parallel in der Oberstufe einzurichten. (Vgl. Stockmeyer 2001, 30ff.) Weder im Bundesgebiet noch in Hamburg gibt es dazu bis heute eine einheitliche Vorgehensweise.

Es stellt sich daran anschließend die Frage, in wieweit der Besuch der zwölften Klasse für diese Schüler sinnstiftend gestaltet werden kann. Nach der zwölften Klasse kann, bei mindestens ausreichenden Noten auf erhöhtem Niveau, ohne weitere Prüfung die Fachhochschulreife schulischer Teil vergeben werden. Der behördlich anerkannte Abschluss Allgemeine Fachhochschulreife kann in Folge durch ein Praxisjahr, zum Beispiel durch den Berufsfreiwilligendienst oder auch eine Berufsausbildung erworben werden. Hier setzen Bemühungen zahlreicher Waldorfschulen im Bundesgebiet an, die die Überlegungen des Schulgründers weiterführen wollen und der Praxisrelevanz der Ausbildung an einer Waldorfschule im Hinblick auf die Abschlüsse größere Bedeutung beimessen wollen. Als Beispiel ist die Hibernia Schule in Herne zu nennen. [5]

Diese Waldorf-Berufskolleg-Modellvorhaben werden wissenschaftlich begleitet, da die Entwicklungsprozesse, Evaluationen und Prozesse von großem Interesse sind. (Vgl. Alanus Universität, Berufskolleg als Oberstufe der Waldorfschule)

Auch die Problematik der staatlichen Bezuschussung einer zwölften Klasse, die für einige Schüler nicht zu einem weiteren Schulabschluss führt, könnte in dieser Richtung gelöst werden. (Vgl. Protokoll 07.01.2004)

Das heutige Waldorfabitur mit Profiloberstufe in Hamburg ist der gymnasialen Oberstufe gleichgestellt. Die Schüler der Profiloberstufe wählen ab der zwölften Klasse ein so genanntes Fächerprofil und durchlaufen im Abitur drei schriftliche Prüfungen und eine mündliche Prüfung. Die mündliche Prüfung kann entweder als herkömmliche mündliche Einzelleistung oder als Präsentationsprüfung erfolgen. Zur Gesamtnote kommen die Einzelleistungen der zweijährigen Kursarbeit hinzu.

Der Weg über die zweijährige Profiloberstufe zum Abitur bedeutet auf den ersten Blick einen gravierenden Einschnitt für die so genannten Waldorf Essentials wie Jahresarbeit, Eurythmieabschlüsse, Kunstreise und den angestrebten generalisierten Überblick über das erworbene Wissen. Die klassische zwölfte Klasse der Waldorfpädagogik als Abschluss beziehungsweise Kulminationspunkt

---

[5]   Hiberniaschule: http://www.hiberniaschule.de/abschluesse.html

der entwicklungspsychologisch begründeten Urteilsstufen fällt damit de facto aus. Die Inhalte können sich mit Abstrichen auf die Klassen zwölf und 13 der Studienstufe verteilen.

Doch wie viel Waldorfpädagogik kann vor dem Hintergrund der staatlichen Vorgaben in der Studienstufe beziehungsweise in der Profiloberstufe noch gelebt werden? Dies ist die zentrale Frage, die die Teilnehmer des Arbeitskreises Abschlüsse der Waldorfschulen anlässlich der Gesetzesnovelle bewegt hat.

Bis auf eine Ausnahme haben sich die Hamburger Waldorfschulen nach einem langen Prozess letztlich für die grundlegenden Veränderungen und den Weg in die gymnasiale Oberstufe entschieden. Damit wurde das seit der ersten Waldorfschule bestehende Prinzip der VK-Klasse mit Abiturprüfung nach der Externenprüfungsordnung (ExPO) abgeschafft.

3 Der Weg in die gymnasiale Oberstufe

3.1 Die Externenprüfungsordnung (ExPO) und die Veränderungen durch die Gesetzesnovelle von 2003

In diesem Abschnitt soll dargelegt werden, unter welchen Bedingungen die Schüler an Hamburger Waldorfschulen nach der Externenprüfungsordnung die Abiturprüfung ablegen müssen. Zum Kreis der externen Prüflinge gehören Schüler, die allgemeinbildende Abschlüsse außerhalb der staatlichen Angebote anstreben. In den Prüfungen muss nachgewiesen werden, dass die Kenntnisse, Fähigkeiten und Fertigkeiten den Anforderungen entsprechen, die in den allgemeinbildenden Schulen an den Erwerb des Abschlusszeugnisses der Hauptschule oder der Realschule oder an den Erwerb des Zeugnisses der allgemeinen Hochschulreife gestellt werden.

(Vgl. Externenprüfungsordnung (ExPO) Juli 2003, § 2)

Von der Kultusministerkonferenz (KMK) explizit festgeschrieben wird, dass die Externenprüfung gleichwertig, aber nicht gleichartig zum Abitur mit gymnasialer Oberstufe sein muss. Hier findet auch die besondere Pädagogik der Waldorfschule Berücksichtigung. In der KMK-Vereinbarung vom 21. Februar 1980 heißt es dazu:

> Aufbau, Lehrplan und Versetzungsregelungen der Waldorfschulen erfordern
> besondere Bestimmungen für die Durchführung der Abiturprüfung an
> Waldorfschulen. Diese Bestimmungen berücksichtigen die sich aus der
> Notwendigkeit der Pädagogik der Waldorfschulen ergebenden Besonderheiten und
> die Notwendigkeit, die Zeugnisse der Allgemeinen Hochschulreife in den Ländern
> gleichwertig und vergleichbar zu halten. Grundlage der Durchführung der
> Abiturprüfung an Waldorfschulen ist daher die Vereinbarung über die Abiturprüfung
> für Nichtschülerinnen und Nichtschüler entsprechend der Gestaltung der
> gymnasialen Oberstufe in der Sekundarstufe II.

(Kultusministerkonferenz 2017, Abiturprüfung an Waldorfschulen)

Die Novellierung der bisherigen Prüfungsgrundlage sah vor, dass die Prüfungsinhalte, die bis zur Gesetzesänderung von den Waldorffachlehrern gemäß des Waldorflehrplans konzipiert und bei der Behörde eingereicht wurden, zur besseren Vergleichbarkeit von Schülerleistungen nun zentralen Aufgaben weichen sollten. Und so heißt es: *„Die Aufgaben der schriftlichen Prüfung stellt die zuständige Behörde zentral."*

(ExPO 2003, § 10,2)

Eine besondere Problematik war dadurch gegeben, dass sich die zentralen Inhalte und Methoden nicht mehr am Waldorflehrplan orientieren und damit einen erheblichen Einschnitt in das bisherige Unterrichtskonzept bedeuten würden. Konnten die Pädagogen bislang aus dem Unterricht heraus Prüfungen auf Abiturniveau konzipieren, so waren sie mit der neuen Regelung verpflichtet, für die Prüfung ein neues Unterrichtskonzept mit waldofffernen Inhalten, Methoden und Kompetenzen zu vermitteln. Diese Neuregelung hätte unter anderem zur Folge, dass früher als bisher auf die Abiturvorbereitung eingegangen werden müsste. Zwar hatten die Anforderungen an die Externenprüfungsordnung schon immer einen rechtzeitigen Beginn der Abiturvorbereitung erfordert, doch durch die fortan zentral gestellten Aufgaben würden sich grundlegende und zeitliche Auswirkungen auf die Vorbereitung ergeben. Die Zentralisierung der Aufgaben würde zwangsläufig dazu führen, dass die Behördenvorgaben früher Eingang in das besondere Konzept der Waldorfschulen fänden.

An der Gewichtung der Anforderungen hatte sich durch die Novellierung nichts verändert. Nach wie vor setzte sich die Gesamtnote aus 70 Prozent schriftlichen und 30 Prozent mündlichen Ergebnissen zusammen. Mit der neuen Regelung basierten die 70 Prozent schriftliche Leistungen jedoch ausschließlich auf zentralen staatlichen Vorgaben, die nicht dem Lehrplan der Waldorfschulen entsprechen. Dies verschlechterte die Position der Waldorfabiturienten gegenüber den Abiturienten staatlicher Schulen ganz erheblich.

Dies war der zentrale Punkt, der die Hamburger Waldorfschulen über einen Antrag auf einen Wechsel zur gymnasiale Oberstufe nachdenken ließ.

Zum besseren Verständnis sollen weitere Eckpfeiler der Externenprüfung kurz skizziert werden:

Die externe Prüfung besteht aus zwei Prüfungsteilen. Der erste Prüfungsteil umfasst vier Fächer, in denen jeweils eine schriftliche Prüfung durchgeführt wird. Der zweite Prüfungsteil umfasst vier weitere Fächer, in denen jeweils eine mündliche Prüfung durchgeführt wird. Am zweiten Prüfungsteil kann nur teilnehmen, wer den ersten Prüfungsteil bestanden hat. (ExPO 2003, § 27,2)

Insgesamt erstreckt sich die Prüfung, wie auch bei der Ausbildungs- und Prüfungsordnung für den Erwerb der Allgemeinen Hochschulreife (APO-AH) auf drei Bereiche:

1. den sprachlich-literarisch-künstlerischen Bereich mit den Fächern Bildende Kunst, Deutsch, Englisch, Französisch, Griechisch, Latein, Musik, Russisch und Spanisch,

2. den gesellschaftswissenschaftlichen Bereich. Dazu gehören Geographie, Gemeinschaftskunde, Geschichte, Philosophie, Religion und Wirtschaft,

3. den mathematisch-naturwissenschaftlich-technischen Bereich mit den Fächern Biologie, Chemie, Mathematik und Physik.

Die Abiturprüfung muss insgesamt die Fächer Deutsch und Mathematik sowie jeweils ein gesellschaftswissenschaftliches und ein naturwissenschaftliches Fach und zwei Fremdsprachen umfassen. (ExPO 2003, § 28, 1-3)

Die für den ersten, schriftlichen Prüfungsteil zu wählenden Fächer müssen die drei oben genannten Bereiche abdecken. Zwei der Fächer sind als Leistungsfächer zu wählen, in denen vertiefte und erweiterte Kenntnisse nachzuweisen sind. Ein Leistungsfach muss das Fach Deutsch, das Fach Mathematik, eine Fremdsprache oder ein naturwissenschaftliches Fach sein. Wird von diesen genannten Fächern nur Deutsch als Leistungsfach gewählt, muss das Fach Mathematik oder eine Fremdsprache Prüfungsfach des ersten Prüfungsteil sein. Für Schüler der Waldorfschulen in Hamburg gibt es abweichend von der Externenprüfungsordnung explizit die Möglichkeit, in zwei Fächern des mündlichen Teils auf die mündliche Prüfung zu verzichten und stattdessen die Prüfungsleistung durch die Leistungen des zweiten Halbjahres der 13. Klasse in diesen Fächern zu ersetzen.

(Kultusministerkonferenz 2017, Abiturprüfung an Waldorfschulen, 7.2.)

Der Umfang der Prüfungsanforderungen erscheint unverhältnismäßig im Vergleich mit den Ausbildungs- und Prüfungsanforderungen zum Erwerb der Allgemeinen Hochschulreife der gymnasialen Oberstufe (APO-AH).

Jedoch ist die Schlechterstellung externer Abiturienten gegenüber den Absolventen der Sekundarstufe II von der Kultusministerkonferenz seit Beginn der Externenprüfungsordnung gewollt.

Um daher deutlicher herauszuarbeiten, in wieweit die Beantragung der Studienstufe angesichts der skizzierten und mit der Novelle weiter verschärften Anforderungen der Externenprüfungsordnung attraktiv für die Hamburger Waldorfschulen wurde, sollen im Folgenden skizzenhaft Rahmenbedingungen für die Abiturprüfung nach der Ausbildungs- und Prüfungsordnung zum Erwerb der allgemeinen Hochschulreife dargestellt werden.

3.2 Ausgewählte Rahmenbedingungen für die Abiturprüfung nach der Ausbildungs- und Prüfungsordnung zum Erwerb der Allgemeinen Hochschulreife und den Bildungsplänen für die gymnasiale Oberstufe

Im Vorwort des 2003 amtierenden Schulsenators Rudolf Lange (FDP) zur Neuordnung der APO-AH, der Ausbildungs- und Prüfungsordnung zum Erwerb der Allgemeinen Hochschulreife, heißt es: *„Mit dem Schuljahr 2004/05 wird es in Hamburg bei Abschlussprüfungen zentrale Aufgaben-Anteile [sic!] geben. Dadurch werden Schulabschlüsse transparenter – und besser vergleichbar. Gleichzeitig verbessert sich die Qualität der Abschlussprüfungen."* (APO-AH 2003, Vorwort)

Ziel der geplanten zentralen Anteile sollte es sein, für den Unterricht und die Abschlüsse einheitliche Standards festzulegen, um eine bessere Vergleichbarkeit der Qualität der Abschlüsse herzustellen. Man versprach sich auch davon, die Leistungen der einzelnen Schulen besser evaluieren zu können und so das Unterrichtsniveau insgesamt anheben zu können. Von den zentralen Inhalten betroffen waren zunächst zehn Fächer: Deutsch, Englisch, Französisch, Spanisch, Latein, PWG[6], Mathe, Biologie, Technik und Wirtschaft. Hier würde es in den schriftlichen Abiturprüfungen zentral gestellte Aufgaben geben. Für die Fächer Bildende Kunst, Chemie, Informatik, Geschichte, Geographie, Musik, Psychologie,

---

[6] Schulfach PWG: Politik, Wirtschaft, Gesellschaft.

Philosophie, Physik, Religion und Sport sollte die Aufgabenauswahl weiterhin auf Basis der Vorschläge aus den jeweiligen Schulen erfolgen. (Mitteilungsblatt der Behörde für Bildung und Sport 15.07.2007, 46)

In § 46 der APO-AH ist geregelt, wie sich die Gesamtqualifikation zur Allgemeinen Hochschulreife zusammensetzt. Sie besteht aus drei Teilen:

- 22 Grundkurse mit den Leistungen aus vier Halbjahren.

- Die Ergebnisse der Leistungskurse aus vier Halbjahren.

- Das Ergebnis der Abiturprüfung und die Leistung je eines Prüfungsfaches aus dem vierten Halbjahr. Die eigentliche Prüfung setzt sich aus drei schriftlichen Prüfungen und einer mündlichen Prüfung zusammen.

(APO-AH vom 22.07.2003, § 47)

Die drei Teilbereiche aus denen sich die Prüfungen zusammensetzen sind identisch mit denen der Externenprüfungsordnung. Es handelt sich dabei um den sprachlichliterarisch-künstlerischen Bereich, den gesellschaftswissenschaftlichen Bereich und den mathematisch-naturwissenschaftlich-technischen Bereich.

(Vgl. Kultusministerkonferenz; Abiturprüfung an Waldorfschulen, Punkt 4.1.)

Der Auftrag der gymnasialen Oberstufe soll es sein, die Schüler auf ein Hochschulstudium oder eine berufliche Ausbildung vorzubereiten. Es soll eine vertiefte allgemeine Bildung, ein breites Orientierungswissen und wissenschaftspropädeutische Grundbildung vermittelt werden. Aufbauend auf den in der Sekundarstufe I erworbenen Fähigkeiten sollen die Schüler zunehmend in die Lage versetzt werden, selbstständig zu lernen. Die jeweilige Methodik soll geeignet sein, selbstverantwortetes Lernen und Teamfähigkeit zu fördern. Fachlicher Isolierung soll entgegengewirkt, fächerübergreifendes und problemorientiertes Denken gefördert werden. Der Bildungsplan orientiert sich an fachspezifischen Bildungsstandards, die kompetenzorientiert sind.

Der Unterricht in der gymnasialen Oberstufe ist in einem erkennbaren Gegensatz zum ganzheitlichen Ansatz und der Prozessorientierung der Waldorfschule ergebnis- und kompetenzorientiert ausgerichtet und bietet den Schulen Freiräume zur inhaltlichen und methodischen Gestaltung des Lernens. Ausgangspunkt für die Gestaltung des Lernens sollen die Interessen und Begabungen der einzelnen Schüler sein.

(Vgl. Bildungsplan Gymnasiale Oberstufe 2009, 1.2.)

3.3 Der Arbeitskreis Schulaufsicht/Schulabschlüsse: Die Chronologie der Entscheidung

Im Folgenden soll aufgezeigt werden, wie sich vor dem Hintergrund der Verschärfung der Prüfungsbedingungen der Entscheidungsweg zur Einführung der Studienstufe in Hamburg vollzogen hat. Zugrunde gelegt werden vor allem die Protokolle des Arbeitskreises Schulaufsicht/Schulabschlüsse[7]. Die Protokolle bis zur Anerkennung durch die Hamburger Behörde für Schule und Berufsbildung (BSB) liegen nicht vollständig vor. Zahlreiche Schreiben, Entwürfe und Vorlagen aus den Jahren 2003 bis zur tatsächlichen Einführung im Schuljahr 2007/2008 liegen ebenfalls nicht mehr vor und lassen sich nur in Teilen aus dem Kontext und aus Erinnerungen der Prozessbeteiligten erschließen.

Zur Vervollständigung und umfassenderen Nachvollziehbarkeit des Prozesses und seiner Folgen sollen daher Gespräche mit Prozessbeteiligten in Teil 4 die Arbeit abrunden.

Um den Rahmen dieser Arbeit nicht zu sprengen, werden die Bezüge zu den Neuregelungen bei den mittleren Bildungsabschlüssen auf das Minimum, welches für das Verständnis des Ablaufs insgesamt unabdingbar ist, reduziert. Die Bedingungen zum Erwerb der Fachhochschulreife nach der zwölften Klasse werden nicht thematisiert. Die Aufarbeitung der Protokolle endet mit der Anerkennung der Studienstufe an Hamburger Waldorfschulen durch die Behörde für Schule und Sport im Frühling 2006.

3.3.1 Protokolle Arbeitskreis Schulaufsicht/Schulabschlüsse 2003: Die Chronologie der Entscheidung

Der Arbeitskreis Abschlüsse ist ein Gremium der Hamburger Waldorfschulen. Delegierte Vertreter der jeweiligen Schulen treffen sich in unregelmäßigen Abständen, um sich gemeinsam über Fragen und Neuordnungen hinsichtlich der Abschlüsse auszutauschen und zu beraten.

Als der Arbeits kreis Abschlüsse am 22. Januar 2003 zusammenkommt, war der damalige Hamburger Senat im Begriff, sich über die von den Deputierten ausgearbeitete Gesetzesnovelle zu beraten. Im Mai desselben Jahres sollte diese beschlossen werden, um dann erstmalig zum neuen Schuljahr 2003/2004 in Kraft

---

[7] Für eine bessere Lesbarkeit wird im Folgenden vom Arbeitskreis Abschlüsse gesprochen.

zu treten. Der amtierende Schulsenator Rudolf Lange (FDP) hatte wenige Monate zuvor im September auf einer Pressekonferenz erklärt, das neue Schulgesetz habe drei Zielrichtungen: *„Früher, effektiver und konsequenter."* (Pressemitteilung BSB 30.09.2002)

Die neuen Bildungspläne sollten den Eltern verbindliche Standards zur Verfügung stellen und Eltern, Schülern und Lehrern Klarheit darüber verschaffen, welche Ziele zu erreichen sind. Neben einer Reihe von Neuregelungen war die geplante Etablierung eines Zentralabiturs die hervorstechende Veränderung der Novelle.

Das zunächst Hamburg weit geplante Zentralabitur würde unmittelbare und gravierende Auswirkungen auf die Waldorfschulen haben. Denn das Zentralabitur nach der neuen Externenprüfungsordnung bedeutete, wie beschrieben, eine weitere Schlechterstellung der Waldorfabiturienten gegenüber den Abiturienten der staatlichen Schulen. Und die Maßgabe „Keine Abschlüsse ohne Prüfungen" stellte überdies die Durchführbarkeit des gelebten Modells, wonach die mittleren Abschlüsse (EAS, MSA) bislang ohne Prüfung vergeben wurden, zur Disposition und verlangte ein Umdenken. Zumal diese Prüfungen in den Fächern Deutsch, Englisch und Mathematik behördenseitig ebenfalls zentral gestellt werden sollten. (APO-iGS 22.07.2003, § 30,2)

Schon kurz darauf findet ein zweites Treffen des Arbeitskreises am 29. Januar 2003 statt. Die Zeit drängt. Bereits ab Frühjahr 2005 sollte mit dem landesweiten Zentralabitur in einzelnen Fächern begonnen werden. Durch diese Planungen drohte auch das Waldorfkonzept der zwölfjährigen geschlossenen Schulzeit in seinen Grundfesten erschüttert zu werden. Nicht nur, dass durch die geplanten Prüfungen für die mittleren Abschlüsse nun eine Phase der Prüfungsvorbereitung eingeplant werden musste. Es ergab sich dadurch auch die Problematik einer früheren Notenvergabe. Jedoch ist der weitgehende Verzicht auf Benotungen ein elementarer Bestandteil der Waldorfpädagogik. (Vgl. Protokolle 22.01.2003 und 29.01.2003)

Im Protokoll vom 19. Februar 2003 wird vom Arbeitskreis notiert, dass es sich für die Schüler um eine *extreme Verschärfung* (Protokoll 19.02.2003) bei den zentralen Abiturprüfungen handeln wird im Vergleich zu den zentralen Prüfungsanteilen an den staatlichen Schulen.

Erste Berechnungen des Arbeitskreises ergeben, dass der zentrale Anteil bei den Externenprüfungen circa 80 Prozent der gesamten Prüfungsleistung betragen wird, bei den staatlichen Schulen (aufgrund der völlig anders zusammengesetzten Abiturergebnisse) um circa 20 Prozent. (Vgl. Protokoll 19.02.2003)

Erstmals wird schon zu diesem frühen Zeitpunkt die Frage aufgeworfen, ob angesichts der Unvermeidlichkeit zentraler Prüfungen jetzt nicht der richtige Zeitpunkt sei, den Weg in die gymnasiale Oberstufe zu beschreiten, wie es bereits in Hessen praktiziert wird. (Vgl. Protokoll 19.02.2003) Erste Überlegungen, die gymnasiale Studienstufe in Hamburg einzuführen, hatte es bereits Mitte der 90-er Jahre gegeben. Daher war der Gedanke nicht ganz neu. Bereits 1994/1995 hatten die Rudolf-Steiner-Schulen im Rahmen der Erneuerung der Anerkennung ihre seit 1978 anerkannten Lehrpläne der Klassen elf und zwölf beziehungsweise 13 in überarbeiteter Fassung vorgelegt. Nach Prüfung durch die Referenten der Schulbehörde wurde damals festgestellt, dass die Lehrpläne inhaltlich dem Niveau der gymnasialen Oberstufe entsprechen.

(Vgl. Protokoll 09.05.2005)

Zu den Neuerungen ab 2003 und den Konsequenzen wird ein erstes Gespräch mit dem zuständigen Schulrat, Johannes Lenarz, geführt.

Inhalt des Gesprächs ist es, Spielräume innerhalb der neuen gesetzlichen Bestimmungen zu eruieren sowie auch die Rahmenbedingungen für die gymnasiale Oberstufe auszuloten. Resultierend aus den drohenden Änderungen und Verschärfungen wird daraufhin vom Arbeitskreis eine Vorlage mit Forderungen erarbeitet, welche lösungsorientiert die Position der Waldorfschulen gegenüber der Behörde darlegen soll. In Bezug auf die Folgen der Zentralisierung für das Waldorfabitur enthält die Vorlage folgende Punkte:

1. Es wird eine Beteiligung der RSS (Rudolf-Steiner-Schulen) an den Themenstellungen gefordert. Dies sollte mindestens eine Befragung der Fachkollegen sein, maximal eine konkrete Beteiligung an den zukünftigen Aufgabenstellungen.

2. Es solle die Möglichkeit geschaffen werden, weiterhin waldorfspezifische Themen in der Abiturprüfung zu bearbeiten und eventuell sogar über ein Waldorf- Zentralabitur nachzudenken. (Forderungsvorlage im Protokoll 19.02.2003)

Mit ihren Forderungen beruft sich der Arbeitskreis auf die Vorgaben der Kultusministerkonferenz. Dort ist wie unter 3.1. beschrieben, festgelegt, dass die Anforderungen an das Abitur gleichwertig, jedoch nicht gleichartig sein müssen:

> Aufbau, Lehrplan und Versetzungsregeln der Waldorfschulen erfordern besondere Bedingungen für die Durchführung der Abiturprüfung an Waldorfschulen. Diese Bestimmungen berücksichtigen die sich aus der Pädagogik der Waldorfschule ergebenen Besonderheiten und die Notwendigkeit, die Zeugnisse der Allgemeinen Hochschulreife in den Ländern gleichwertig und vergleichbar zu halten.
>
> (Kultusministerkonferenz 2017, Abiturprüfung an Waldorfschulen)

Diese Ansicht wird von der Rechtsabteilung der Schulbehörde geteilt. Es wird bestätigt, dass Gleichwertigkeit und Gleichartigkeit nach gültiger Rechtsauffassung keine Synonyme sind. Der Arbeitskreis Abschlüsse fordert daraus resultierend, dass für die zentralen Vorgaben auf die eigenen Lehrpläne der Rudolf-Steiner-Schulen Rücksicht genommen werden müsse. Dies sei ein Rechtsgut. Der Arbeitskreis weist gegenüber der Behörde für Schule und Berufsbildung (BSB) auch auf die Problematik des hohen zentralen Anteils hin. Die BSB sieht hier keinen Handlungsspielraum. Eine Schlechterstellung der Prüflinge nach der Externen-prüfungsordnung sei schon immer Fakt gewesen. Dennoch wird zu diesem Zeitpunkt vom amtierenden Schulrat überlegt, ob aufgrund der Reaktion der Rechtsabteilung, möglicherweise die Waldorfschulen gemeinsam auf Basis der Waldorflehrpläne Aufgaben einreichen könnten, die dann behördenseitig zentral gestellt würden. Es entsteht die Idee eines Waldorf Bezirksausschuss, der zentrale Aufgaben erarbeiten und vorschlagen könnte. Daraus resultierend soll ein Entwurf erarbeitet werden mit dem Ziel, ein Waldorf Zentralabitur zu etablieren. Parallel intensivieren sich die Überlegungen zum Bildungsgang gymnasiale Oberstufe. Angedacht wird ein Bildungsgang gymnasiale Oberstufe mit einer zwei- oder dreijährigen Laufbahn.

Erste Folgen werden erörtert. Der Arbeitskreis Abschlüsse sieht keine größeren Probleme bei der Weiterführung des Epochenunterrichtes. Um eine Aufteilung in Grund- und Leistungskurse käme man jedoch nicht herum. Die Delegierten des Arbeitskreises hoffen, dass die Klassen zwölf und 13. abgesehen von den zentralen Prüfungen weiterhin auf Basis des Waldorflehrplans durchgeführt werden können.

Aus Sicht des Arbeitskreises brächte die Umstellung auf die gymnasiale Oberstufe eine Reihe von Vorteilen mit sich. Beispielsweise würden die Abiturprüfungen nicht mehr von externen Prüfern abgenommen werden. Das Abitur befände sich dann in der Hand der Schulen, wenn auch mit zentralen Themen. Es wird jedoch befürchtet, dass bedeutende Waldorfthemen wie Faust von Johann Wolfgang von Goethe in der Studienstufe unter dem Einfluss der Vorbereitungen für das zentrale Abitur undurchführbar werden könnten. Diese Gefahr wird auch bei der zukünftigen zentralen ExPO Prüfungen in Teilen befürchtet, da auch hier die Abiturvorbereitung früher einsetzen müsste.

Der Versuch des Arbeitskreises, zentrale Waldorfthemen bei der Behörde im zentralen Aufgabenpool zu verankern, scheitern. Zwar scheinen der Behörde die Besonderheiten des Waldorflehrplans bekannt zu sein und die daraus resultierenden Anpassungsschwierigkeiten. Auch sieht die Behörde inhaltliche Überschneidungen mit im Waldorfkontext relevanten Themen. Jedoch: *„Wie das bearbeitet, bewertet und bearbeitet wird, was man damit will etc. – dazwischen liegen Welten."* (Vgl. Protokoll 17.09.2003)

Der Arbeitskreis muss erkennen, dass die Idee eines eigenes Waldorf-Zentralabiturs definitiv nicht gewollt ist. Es zeichnet sich ab, dass es keinen Handlungsspielraum innerhalb der geplanten zentralen Externenprüfungs-ordnung geben wird und es wird deutlich, dass landesweite zentrale Prüfungsaufgaben nur ein erster Schritt sein werden. Mittelfristig werden bundesweite zentrale Aufgaben angestrebt. Das generelle Ziel der Reform sei es, so ein Behördenvertreter, vor allem auf Kompetenzen, weniger auf Inhalte zu setzen. „Mehr Gelenkigkeit im Denken und bessere Fertigkeiten in der Benutzung der „Werkzeuge", ein „Bimsen" von immer gleichen Aufgaben wie in der Vergangenheit sei nicht mehr erwünscht."

(Vgl. Johannes Lenarz, Schulrat. In: Protokoll vom 17.09.2003)

In Bezug auf die Durchsetzung des Waldorflehrplans innerhalb einer gymnasialen Oberstufe werden hier vom Arbeitskreis erhebliche Probleme gesehen. Konstatiert wird die große Diskrepanz zwischen der Waldorfpädagogik und dem staatlichen Ansatz, da hier das Grundkonzept der Waldorfpädagogik tangiert wird, Kompetenzen ausschließlich im Kontext mit entwicklungspsychologisch angemessenen Inhalten zu vermitteln.

Doch es gibt schon Erfahrungen mit der gymnasialen Studienstufe an Waldorfschulen. Und so reist eine Delegation nach Hessen, um sich dort die Umsetzung der gymnasialen Oberstufe an Waldorfschulen anzuschauen. Hier konnte festgestellt werden, dass Waldorf Essentials der zwölften Klasse durchaus Einzug in die gymnasiale Oberstufe finden und mit Abstrichen weiter fortgeführt werden können. Die erbrachten Leistungen können auch ins Abitur eingebracht werden. Beispielsweise das Klassenspiel in das Fach „Darstellendes Spiel", das Sozialpraktikum als Teil von PWG (Politik, Wirtschaft, Gesellschaft), die Kunstreise in den Bereich Kunst.

Zum Vergleich werden die Modelle ExPO und APO-AH am Beispiel der Rudolf-Steiner-Schule Nienstedten gegenübergestellt:

ExPO

LK	LK	GK	GK	GK	GK	GK	GK
Deutsch	Geschichte	Englisch	Mathematik	GMK	Französisch	Biologie	Kunst
Biologie	Geschichte	Englisch	Mathematik	GMK	Latein	Deutsch	Physik

APO-AH

LK	LK	GK	GK	GK	GK	GK	GK
Biologie	Geschichte	Englisch	PWG oder Französisch oder Latein oder Kunst oder Sport etc.				
Deutsch	Geschichte	Biologie	Englisch oder Französisch				

Quelle: Protokoll vom 29.10.2003

Aus der Gegenüberstellung werden die Vorteile der Prüfungsleistungen für das Abitur nach APO-AH deutlich. Es gibt nur drei schriftliche Prüfungen. Das vierte Prüfungsfach ist nach APO-AH mündlich.

Mathematik muss nicht als Prüfungsfach gewählt werden. Eine Abdeckung aus dem naturwissenschaftlichen Teil ist ausreichend. Dies wird sehr begrüßt, da man befürchtet, dass Mathematik als Prüfungsfach in einer zentralen Externenprüfung nicht zu schaffen sein wird ohne sehr stark in den Lehrplan von Klasse zwölf eingreifen zu müssen.

Die vier Prüfungsleistungen nach APO-AH müssen alle drei Bereiche, siehe unter Punkt 3.1, abdecken.

Die Externenprüfungsordnung fordert dagegen acht Prüfungsleistungen. Vier schriftliche Prüfungen und vier mündliche Prüfungen. Unter den Prüfungsfächern müssen sich Deutsch, Geschichte oder ein anderes naturwissenschaftliches Fach, eine Naturwissenschaft, zwei Fremdsprachen und auch verpflichtend Mathematik befinden. (Kultusministerkonferenz 2017, 4.3. Abitur an Waldorfschulen)

Der Unterschied ist erheblich. Der zentrale Teil der Prüfungen im ExPO Teil beträgt 70 Prozent, der Prüfungsteil in APO-AH dagegen 30 Prozent. Die übrigen 70 Prozent der Abschlussnote können über die zwei Jahre der Oberstufe erarbeitet werden. Hier können auch die Waldorf Essentials Einzug finden. (Vgl. Protokoll 29.10.2003)

Nach dem Erfahrungsaustausch mit den Kollegen aus Hessen stellt sich der Arbeitskreis den Überlegungen in einem erneuten Gedankenaustausch. Vorherrschend geht es um die grundsätzliche Frage, in welchem Modell perspektivisch mehr Waldorfpädagogik realisiert werden könnte. Die Verschärfung der Prüfungsaufgaben nach der ExPO- Version bedeutet trotz Beibehaltung des kompletten Waldorfkonzeptes auch in der zwölften Klasse Auswirkungen auf den Unterricht, da angesichts der zentralen und dadurch waldorffernen Themen die Prüfungsvorbereitung auch bei diesem Modell erkennbar in die zwölfte Klasse hineinreichen würde. Das Verlockende an der gymnasialen Oberstufe ist dagegen, dass unter einfacheren Bedingungen geprüft werden könnte, zum Beispiel durch interne Prüfer, weniger Prüfungen und die Möglichkeit, wertvolle Waldorf Essentials der zwölften Klasse nicht nur beibehalten zu können, sondern diese auch in Teilen in die Abiturergebnisse hineinrechnen zu können. Fakt wäre jedoch, das zwölfjährige Waldorfprinzip vom Grundsatz her aufzugeben, da nicht alle Schüler den Übergang in die zwölfte Klasse erfolgreich bewältigen würden.

(Vgl. Protokoll 29.10.2003)

Der Arbeitskreis überdenkt in diesem Zusammenhang die Situation dieser Schüler. Mit der zur Diskussion stehenden Vorverlegung des MSA würde in beiden Modellen die Schulzeit vermutlich nach Klasse elf mit dem mittleren Bildungsabschluss beendet sein. In der Studienstufe durch die Nicht Versetzung in die gymnasiale Oberstufe. In der Externenprüfung würde die zwölfte Klasse für Schüler ohne Abiturambitionen nicht finanzierbar sein. Es wird auch von einigen Mitgliedern des Arbeitskreises befürchtet, dass die weitere Verschärfung der Abiturbedingungen nach ExPO generell zu Abwanderungen von Schülern auf andere Schulen führen könnte: *„Dieses Modell können wir durch die anstehenden Veränderungen behördlicherseits auf keinen Fall unverändert lassen. Man wird Schüler verlieren, wenn man keine Veränderungen vornimmt."* (Vgl. Protokoll 29.10.2003)

Grundsätzlich ist sich der Arbeitskreis einig, dass perspektivisch mit einer Prüfung nach APO-AH „wahrscheinlich mehr inhaltliche Schwerpunkte der Waldorfschule erhalten bleiben als bei einem Verbleiben in der (zentralen) ExPO." (Vgl. Protokoll 12.11.2003)

Hingewiesen wird im Protokoll vom November 2003 auch auf die besonders günstige politische Großwetterlage. Die rot-grüne Koalition in Hamburg war in den Bürgerschaftswahlen 2001 abgewählt worden. Die amtierende Regierung aus CDU, FDP und Partei Rechtsstaatliche Offensive (Schill-Partei) zeigte sich gegenüber Alternativen zum herkömmlichen Schulsystem aufgeschlossener als die Sozialdemokraten. Daher wurde der Zeitpunkt für einen Wechsel als günstig angesehen. Im Gespräch mit dem Schulrat wird von Seiten der Behörde eine Beantragung der gymnasialen Oberstufe für die Hamburger Waldorfschulen empfohlen, die sich daran beteiligen wollen. Es wird von Seiten der Behörde nicht gefordert, dass die Waldorfschulen einstimmig votieren müssen. Daraufhin soll eine Textvorlage erstellt werden, welche in den Gremien der einzelnen Schulen diskutiert werden soll. Die Behörde sieht dem Antrag auf Anerkennung positiv entgegen. Geplant ist es, die Klassen zwölf und 13. zur Studienstufe umzufunktionieren. Dafür müsste die Klassenstufe elf als Abschluss der Sekundarstufe I und gleichzeitig als Vorstufe für die gymnasiale Oberstufe gewertet werden, um die vom Gesetzgeber geforderten drei Jahre gymnasiale Oberstufe sicherzustellen. Diese Doppelfunktion wäre vergleichbar mit der Regelung an den Gymnasien mit Abitur nach Klasse zwölf. Hier ist die zehnte Klasse letzte Klasse der Sekundarstufe I mit dem mittleren Bildungsabschluss und gleichzeitig die Vorstufe zur Studienstufe der Klassen elf und zwölf.

Ein Antrag für die Studienstufe an den Waldorfschulen müsste so lauten, dass die bisherige acht-stufige Sekundarstufe I von Klasse fünf bis zwölf in eine sieben-stufige Sekundarstufe I von Klasse fünf bis elf umgewandelt würde.

39

Voraussetzung für den Übergang in die Studienstufe wäre die erfolgreiche Teilnahme an den Prüfungen zum MSA perspektivisch nach Klasse elf sowie eine formale Versetzung in die zwölfte Klasse mit einem Notendurchschnitt von mindestens E4.[8] Kenntnisse in einer zweiten Fremdsprache müssten ebenfalls schriftlich nachgewiesen werden.

Grundsätzlich ist das Schuljahr, auf welches sich der MSA verschieben würde, zu diesem Zeitpunkt noch nicht endgültig festgelegt. Die Tendenz in den Gesprächen des Arbeitskreises geht jedoch dahin, die mittleren Abschlüsse an den Waldorfschulen vorzuverlegen, zunächst einmal unabhängig von einer möglichen Einführung der Studienstufe. Viel spricht für eine Vorverlegung nach Klasse elf. Da durch die zentralen Prüfungen in den Kernfächern Inhalte der neunten beziehungsweise zehnten Klasse Prüfungsthemen wären, wird die Idee zentraler Waldorfprüfungen für den MSA bewegt. Diese sollten dann für den Abschluss Inhalte des Schuljahres beinhalten, in dem die Prüfungen stattfinden. Das wären dann für die Waldorfschule Inhalte der elften Klasse.

Über den richtigen Zeitpunkt und die Folgen gibt es zahlreiche Überlegungen. Unterschiedliche Denkmodelle werden durchgespielt: Wenn der MSA nach Klasse zehn oder elf stattfände, erfolgte der Übergang nach Klasse elf beziehungsweise zwölf für alle Schüler mit dem Ziel Abitur automatisch. Für die Schüler ohne Abiturambitionen müsste ein besonderes Angebot den Besuch der elften und zwölften Klasse beziehungsweise nur der zwölften Klasse attraktiv machen. Schüler, die weder Abitur machen wollen, noch das Angebot in elf und zwölf verlockend finden, würden die Schule voraussichtlich verlassen. Dies hätte finanzielle Verluste für die Schulen zur Folge.

Die Frage nach dem Zeitpunkt der mittleren Abschlüsse ist daher teilweise davon abhängig, welche Konzepte für die Nicht-Abiturienten erarbeitet werden können. Es wird auch die Gefahr thematisiert, welche von einer Vorverlegung des Realschulabschlusses ausgeht. Eine Aushöhlung dessen, was in der Waldorfpädagogik an die Schüler herangebracht werden soll, soll vermieden werden. (Vgl. Protokoll 26.11.2003)

In der Sitzung vom November werden erstmalig die zur Diskussion stehenden zukünftigen Wege zum Abitur gegenübergestellt.

---

[8]   E4 ist ein ausreichend auf erhöhtem Anforderungsniveau, ein sehr gut auf grundlegendem Niveau.

ExPO

- Anzahl der Schülerwochenstunden sind in Klasse zwölf geringer.
- Trotz zentraler Anforderungen bestünde die Möglichkeit in Klasse zwölf den Waldorflehrplan durchzuführen.
- Mit den Vorbereitungen für die zentralen Prüfungen müsste bereits ab Ostern begonnen werden.
- Die Hoheit über Fächer und Stundenplan verbliebe in Klasse zwölf bei den jeweiligen Schulen.
- Alle Waldorfelemente könnten erhalten bleiben.
- 70 Prozent zentraler Anteil an den Prüfungen, dadurch weiteres Erschweren der Prüfungsbedingungen.

APO-AH

- Spielraum in der Gestaltung der Fächer, nicht in den zentralen Prüfungsfächern.
- Partiell besteht die Möglichkeit, Essentials wie Klassenspiel, Kunstreise, Eurythmie oder Sozialpraktikum zu integrieren und als Grundkurse einzubringen.
- Leistungen aus vier Semestern können in die Abiturnote eingebracht werden (Eichhörnchen-Methode).
- Geringere Anzahl Prüfungsfächer entlastet Schüler und Lehrer.
- Geringerer Anteil der zentralen Anteile entlastet Schüler und Lehrer.
- Weniger Bedingungen bei der Wahl der Prüfungsfächer ermöglichen größeren Spielraum bei der Schwerpunktsetzung, die Waldorf entspricht

(z. B.: Leistungskurs Musik).

- Prüfungsabnahme ohne Staatslehrer.
- 30 Prozent zentraler Anteil an den Prüfungen.

Weitergehende Themen werden erörtert, wie etwa die Tagesstundenbelastung für die Schüler, Bestandsschutz für Prüfungsberechtigungen beziehungsweise Lehrgenehmigungen sowie die finanziellen Auswirkungen einer Umstellung auf die Studienstufe.

In der Sitzung vom 26.11.2003 werden erste Ideen zur Gestaltung der Stundenpläne in der Studienstufe vorgestellt. Eurythmie als essentielles Waldorfschulfach könnte in den Bereich Kunst, Darstellendes Spiel oder auch Deutsch Einzug finden. Es gäbe so die Möglichkeit, Leistungen in dem Fach prüfungsrelevant zu verwerten. Es könnte trotz Studienstufe theoretisch bis zum Ende der Schulzeit unterrichtet werden. Ähnliche Überlegungen gibt es zu den diversen Praktika und der Kunstreise.

Diskutiert werden mögliche Prüfungsfächerkombinationen sowie jahrgangsübergreifende Kursangebote. Im Kontext mit einem möglichst großen Kursangebot wird diskutiert, ob Prüfungsfächer auf grundlegendem oder erweiterten Niveau gemeinsam in einem Kurs unterrichtet werden könnten.

Der Blick richtet sich auch auf eventuelle Methodenschulungen zur Anpassung an die staatlichen Vorgaben in der Studienstufe.

Trotz der positiven Aspekte zieht sich die Befürchtung, Waldorfideale opfern zu müssen wie ein roter Faden durch die gesamte Diskussion.

3.3.2 Protokolle Arbeitskreis Schulaufsicht/Schulabschlüsse 2004: Die Chronologie der Entscheidung

Die erste Sitzung des Arbeitskreises findet am 07. Januar 2004 statt.

In den Gremien der einzelnen Schulen sind die Beratungen inzwischen soweit fortgeschritten, dass eine überwiegende Zahl der Schulen dafür stimmt, den Antrag auf Studienstufe zu stellen. Noch vor den Frühjahrsferien im März soll der Antrag der Behörde vorliegen. Es wird weiter die ungeklärte Frage bewegt, wie mit den Nicht-Abiturienten verfahren werden soll, jenen Schülern, die mit dem Erwerb des MSA nach der elften Klasse die Schule vor Ende der eigentlichen Waldorfausbildung verlassen würden. Ein Konzept für diese Schüler soll intern erarbeitet werden, von diesbezüglichen Forderungen an die Schulbehörde will man zu diesem Zeitpunkt absehen.

Am 28. Januar 2004 wird ein Antragsentwurf zur Studienstufe diskutiert. Erste Planungen sehen vor, dass im Schuljahr 2005/2006 erstmals eine zwölfte Klasse mit der Studienstufe beginnen und am Ende des Schuljahres 2007/2008 die Abiturprüfung ablegen wird. Zum letzten Mal wird an den beteiligten Schulen ein Abitur 2006 nach ExPO geprüft werden. In den Jahren 2005 und 2006 würde die Externenpüfung mit waldorfzentralen Aufgaben stattfinden. Dieses Angebot der Schulbehörde wäre eine Übergangslösung bis zur Einführung der Studienstufe, um die Schüler der beiden fraglichen Jahrgänge nicht unnötig durch die Verschärfung der Rahmenvorgaben schlechter zustellen. (Vgl. Protokoll 22.06.2004)[9] Der Jahrgang 2003/2004 wird letztmalig nach der „alten" Externenprüfungsordnung geprüft werden.

2003/2004	2004/2005	2005/2006	2006/2007	2007/2008
9	10	11 MSA	12	13 APO-AH, Z
10	11	12 MSA	13 ExPO, waldorfzentral	
11	12 MSA	13 ExPO, waldorfzentral		
12 MSA	13 ExPO alt			

Quelle: Antragsentwurf zur staatlichen Anerkennung einer gymnasialen Studienstufe der Rudolf-Steiner-Schulen in Hamburg; 06.02.2004

In derselben Sitzung wird bereits konkret über die Integration von Walddorffächern in staatliche Vorgaben gesprochen. Abseits der Anforderungen des Zentralabiturs können die Schulen weiterhin gemäß des Waldorflehrplans agieren. Grundlage für die Gestaltung der gymnasialen Studienstufe ist der im Januar 1995 der Behörde für Bildung und Sport vorgelegte Lehrplan der Klassen elf (Vorstufe) sowie zwölf und 13 (Studienstufe), der in einem umfangreichen, fächerbezogenen Verfahren überprüft wurde und abschließend als den Anforderungen entsprechend eingestuft worden ist.

(Entwurf vom 06.02.2004 zur staatliche Anerkennung einer gymnasialen Studienstufe der Rudolf-Steiner-Schulen in Hamburg)

---

[9] Ergänzung: Rückmeldung der Behörde zur Übergangslösung: Die Aufgaben für die schriftlichen Prüfungen werden von einer Kommission aus Fachkräften der Rudolf-Steiner-Schulen zentral für alle Rudolf-Steiner-Schulen erstellt und von der zuständigen Behörde nach Prüfung genehmigt. Die Themen der Prüfungsaufgaben beziehen sich auf den anerkannten Lehrplan der Rudolf-Steiner-Schulen.

Ein erstes Durchführungskonzept für die Studienstufe mit unterschiedlichen Varianten wird ausgearbeitet. Mathematik muss, wie bereits erwähnt, nicht prüfungsrelevant belegt werden. Ein Modell soll hier exemplarisch vorgestellt werden.

Schuljahr 12/I (1. Halbjahr) bis Schuljahr 13/IV (4. Schuljahr) Modell 1 (Durchführungskonzept Studienstufe 2004,1)

LK I	LK II	GK schriftlich	GK schriftlich	Einzubringende GK	Zusätzlich zu belegende GK
4 Bio I-IV	4 Geschichte	1Englisch IV	1 Musik IV	3 Englisch I-III	4 GMK oder
	I-IV			3 Musik I-III	2 GMK +
				4 Deutsch I-IV	2 Geografie
				4 Mathe I-IV	2 Religion
					2 Sport
5 h	5 h	3 h	2 h	6 h	6 h oder 7 h

Quelle: Dombrowski/Ketels für die Rudolf-Steiner-Schule Bergedorf I-IV:

Die zentralen Fächer für das erste Hamburger Waldorfabitur mit Studienstufe im vermutlich ersten Jahrgang 2007/2008 wären nach den Vorgaben der Behörde Deutsch, Englisch, Französisch, Spanisch, Latein, GMK, Mathematik Biologie und Technik. Dies würde konkret bedeuten, dass in den genannten Fächern, sofern diese prüfungsrelevant werden, Prüfungsanforderungen zentral vorgegeben werden.

Die Aufgabenstellung in den Fächern Bildende Kunst, Chemie, Geschichte, Geografie, Musik, Pädagogik, Psychologie, Philosophie, Physik, Datenverarbeitung, Griechisch, Wirtschaft, Religion und Sport erfolgt dezentral. Hier reichen die Schulen Aufgabenvorschläge ein. Die Auswahl erfolgt durch die Schulbehörde. *„Die dezentral erstellten Aufgabenvorschläge werden vom Amt für Bildung geprüft, korrigiert bzw. modifiziert und ausgewählt."* (Behörde für Schule und Berufsbildung 2016. Richtlinie für die Aufgabenstellung und Bewertung der Leistungen in der Abiturprüfung, 3.1) Das bedeutet für das obige Beispiel, dass die Fächer Biologie und Englisch zentral geprüft würden. Prüfungsaufgaben in Geschichte und Musik würden wie bisher von den Fachlehrern entwickelt und bei der BSB eingereicht. Für den Antrag auf gymnasiale Studienstufe muss ein den staatlichen Anforderungen angepasster Fächerkanon eingereicht werden. Hierzu gibt es zahlreiche Überlegungen. In der Studienstufe können Waldorf Essentials außerhalb der zentralen Vorgaben in die Gesamtbewertung einfließen. Für die Umsetzung sind kreative Lösungen gefragt.

Danach soll beispielsweise das Klassenspiel umbenannt werden in Darstellendes Spiel. Die Kunstreise könnte der bildenden Kunst zugeordnet werden. Das Sozialpraktikum könnte in PGW angerechnet werden, Informatik könnte in Physik einfließen. Grundsätzlich muss sichergestellt sein, dass die Anforderungen den einheitlichen Prüfungsanforderungen für die Abiturprüfung (EPA) genügen. Hier sind die Rahmenvorgaben der Kultusministerkonferenz der Länder festgelegt.

(Vgl. EPA, Abschlüsse Sekundarstufe II)

Dies erfordert vor allem in den zentralen Kernfächern, Mathematik, Deutsch und einer Fremdsprache ein Umdenken, da nach den EPA Vorgaben der Kompetenzerwerb im Vordergrund steht. Es gibt es keine Überschneidungen mit dem Waldorfansatz der Überblicksepochen der zwölften Klasse, welche eine starke inhaltliche Prägung haben. Daraus resultierend ergeben sich, wie erwähnt, für die Gremien der Schulen erhebliche Fragestellungen, welche Leistungskurse und Grundkurse angeboten werden können, welche waldorfpädagogischen Inhalte über die staatlichen Verpflichtungen hinaus weiter bestehen können und sollen.

In einem Ablaufplan wird vom Arbeitskreis Abschlüsse ein konkreter Fahrplan zur Einführung der Studienstufe erarbeitet.

Die Oberstufendelegationen der einzelnen Schulen und die Pädagogische Konferenz werden beauftragt, zu erschließen, welche Änderungen im Lehrplan vorgenommen werden müssen, um ausreichend Zeit für die Vorbereitung auf die Abschlussprüfungen zu haben, wie der Aufbau der zukünftigen Stundentafeln aussehen könnte und ob der Status der Lehr- und Prüfungsberechtigungen beibehalten werden kann. Auch die Klärung des allgemeinen pädagogischen Profils für die neue Oberstufe steht auf der Tagesordnung. Welche Modifikationen können und müssen vorgenommen werden, ohne Alleinstellungsmerkmale der Waldorfpädagogik aufzugeben? Nach wie vor bleibt die Frage ungeklärt, was aus den Schülern wird, die nach Klasse elf nicht in die gymnasiale Oberstufe wechseln werden. Der Antrag auf Anerkennung der gymnasialen Studienstufe an den Hamburger Waldorfschulen erfolgt schließlich am 23. Februar 2004 in Verbindung mit dem Antrag, die Klassenstufen fünf bis zwölf umzuwandeln in eine siebenstufige Sekundarstufe I, der Klassen fünf bis elf. Die Anträge sind aufeinander bezogen und sowohl inhaltlich als auch vom Verfahren an eine Verlegung des

Realschulabschlusses von Klassenstufe zwölf auf elf gebunden. Die Grundlage der Antragstellung ist der gültige, für den Antrag leicht überarbeitete, Lehrplan der Waldorfschulen von 1995, der nachweislich dem gymnasialen Anspruch genügt.

Die Verankerung der besonderen Pädagogik im Hamburger Schulgesetz bietet Gewähr dafür, dass der vorgelegte Lehrplan als gleichwertig mit den staatlichen Abschlüssen eingestuft werden kann. Er muss, wie an anderer Stelle bereits ausgeführt, nicht gleichartig sein. Diese Unterschiedlichkeit ermöglicht besondere Unterrichtsformen wie zum Beispiel den Epochenunterricht.

Wichtig für die Gleichwertigkeit ist auch die Gleichbehandlung der Waldorfschüler beim Übergang in die gymnasiale Oberstufe. Im Mitteilungsblatt der Behörde für Bildung und Sport heißt es dazu:

> Am Ende der Jahrgangsstufe 11 werden die Schülerinnen und Schüler in die Studienstufe einer Rudolf-Steiner-Schule oder einer staatlichen Schule versetzt, wenn sie bis Ende der Jahrgangsstufe 11 nach dem Lehrplan der Rudolf-Steiner-Schule unterrichtet wurden, in allen Fächern die Belegpflichten erfüllt haben, die in der Verordnung über die Stundentafeln für die Sekundarstufe I [...] gefordert sind und ihre Leistungen einen erfolgreichen Besuch der Studienstufe erwarten lassen. Letzteres wird in einer Prüfung festgestellt, an der Schülerinnen und Schüler teilnehmen können, in deren Jahreszeugnis der Jahrgangsstufe 10 und Halbjahreszeugnis der Jahrgangsstufe 11 vermerkt wurde, dass ihre Leistungen den Anforderungen des Gymnasiums entsprechen.
>
> (Mitteilungsblatt der Behörde für Bildung und Sport 07.11.2007, Bestimmungen über die Vergabe der Abschlüsse und Berechtigungen in der Sekundarstufe I an den allgemeinbildenden Rudolf-Steiner-Schulen in Hamburg ab dem Schuljahr 2007/08)

Der Arbeitskreis Abschlüsse weist in dem Antrag darauf hin, dass die in ihrem Konzept nach zwölf Stufen umfassende Waldorfschule in dieser ihr eigenen Form unmittelbar keine Entsprechung im staatlichen Schulwesen findet. Die Weigerung der Schulen innerhalb der zwölfjährigen einheitlichen Waldorfschule Versetzungsregeln einzuführen, stellte bisher den Haupteinwand gegen eine Anerkennung als gymnasiale Oberstufe dar. Daher wird im Antrag explizit darauf hingewiesen, dass die Veränderungen der Prüfungsbestimmungen bei den mittleren und gymnasialen Schulabschlüssen bei den Waldorfschulen Konsequenzen nach sich ziehen, die eine stärkere Annäherung an die staatlichen Schulformen erzwingen. Der bisherige Haupteinwand, siehe oben, würde dadurch relativiert.

(Vgl. Entwurf Staatliche Anerkennung der Gymnasialen Oberstufe, 06.02.2004) Es wird explizit darauf hingewiesen, dass die Schulbehörde Handlungsspielraum innerhalb der Vorgaben hat. Die Antragsteller beziehen sich damit auf § 9, Abs. 2, Satz 3 des Hamburgischen Schulgesetzes: Die zuständige Behörde kann die Besonderheit der Ersatzschule bei der Durchführung der Prüfungen berücksichtigen und Abweichungen vom Prüfungsverfahren genehmigen. Sowie auf § 9, Abs. 3, Satz 2: Über Ausnahmen aufgrund der besonderen Eigenart der Ersatzschule kann die Behörde entscheiden.

Das nächste vorliegende Protokoll ist auf den 15. Dezember 2004 datiert. Nach zahlreichen Nachfragen zu den vorgelegten Lehrplänen der Studienstufe sind die Beratungen inzwischen abgeschlossen. Nachbesserungswünsche wurden eingearbeitet. Grundsätzlich und für die Zukunft gilt: Für die Vergabe vom Abschlüssen in der Sekundarstufe II soll es keine Bestimmungen über Abweichungen vom Prüfungsverfahren geben. (Vgl. Schreiben der Behörde für Bildung und Sport zur Staatlichen Anerkennung der Jahrgangsstufen 5-13 der Rudolf-Steiner-Schule Harburg, 27.04.2006)

Alle Fächer, die außerhalb der Prüfungen und der Belegverpflichtungen unterrichtet werden, können von den Schulen selbst gestaltet werden. Dazu müssten, wie beschrieben, einige Fächer und Projekte in die staatliche Sprachregelung übersetzt werden. An den Schulen wird in Arbeitsgruppen dazu gearbeitet.

In Nienstedten wird zu diesem Zeitpunkt beispielsweise geplant, Eurythmie den Fächern Deutsch oder Musik zuzuordnen. Bergedorf plant Eurythmie zum Wahlpflichtfach zu machen, in Bergstedt könnte Eurythmie als übergreifendes Projekt an die Faust Epoche in Deutsch angegliedert werden, in Altona wäre Eurythmie Wahlpflichtfach und ginge in die Musiknote ein.

3.3.3 Protokolle Arbeitskreis Schulaufsicht/Schulabschlüsse 2005: Die Chronologie der Entscheidung

Das erste Protokoll des Arbeitskreises Abschlüsse liegt vom 25. Mai 2005 vor. Der Antrag auf Studienstufe ist noch nicht angenommen. Die Rudolf-Steiner-Schulen führen in diesem Jahr erstmalig die Übergangsregelung zum Abitur mit waldorfzentralen Aufgaben nach dem gültigen Waldorflehrplan durch. Bis zur endgültigen Anerkennung bleiben viele Fragen unbeantwortet. So etwa zu den zukünftigen Regelungen für Nicht- Abiturienten oder Schülern, die einen Fachhochschulabschluss nach Klasse zwölf anstreben. Nach einem Behördengespräch wird angeraten, solange keine Regelungen vo liegen staatliche Vorgaben waldorfgemäß zu interpretieren. Die konkrete Ausgestaltung der offenen Fragen könne erst nach der Anerkennung erfolgen. Doch die lässt auf sich warten. Und so steht in der Sitzung vom 25. Mai 2005 das schwebende Anerkennungsverfahren konsequent an TOP 1. Für den ersten Jahrgang, der ab 2006 die Studienstufe durchlaufen soll, wird die Anerkennung der Sekundarstufe I von Klasse fünf bis elf nun dringend, da der MSA nach der elften Klasse obligatorisch für den Übergang in die Studienstufe wird. Das Abitur nach APO-AH fände für diese Schüler erstmalig 2008 statt. Der Planungsdruck steigt. Es wird um ein dringendes Gespräch mit Herrn Lenarz gebeten.

Ein Gespräch findet am 17. Juni 2005 statt. Die Lehrpläne für Deutsch, Englisch, Mathematik, Physik, Biologie sind akzeptiert. Die Annahme des Antrags auf gymnasiale Studienstufe sowie die Anpassung der Sekundarstufe werden für den Herbst 2005 in Aussicht gestellt. Im Protokoll vom 9. November 2005 wird auch auf weitere geplante Änderungen im Schulgesetz verwiesen. Die Zielsetzung der Bildung fokussiert sich zunehmend auf die Vermittlung von Kompetenzen. Inhalte treten in den Hintergrund. Dieses Umdenken zieht weitere Herausforderungen für die Waldorfschule nach sich, da die Waldorfpädagogik vom Kind ausschaut. Inhalte und Themen sind entwicklungs-psychologisch sorgfältig ausgewählt und keine willkürlichen Beispiele, um daran Kompetenzen einzuüben.

Die Anerkennung lässt noch immer auf sich warten. Auf Nachfrage zeigt sich, dass die Rechtsabteilung der Schulbehörde Bedenken hat, ob die Waldorfschüler nach Klasse elf in der Lage wären, den Realschulabschluss erfolgreich zu bewältigen. Aus Sicht der Juristen lässt sich nicht nachvollziehen, weshalb die Schüler künftig ein Jahr eher als bisher dazu in der Lage sein sollten. Der Arbeitskreis Abschlüsse stellt fest, dass es offenbar nicht gelungen sei, das Konzept der zwölfjährigen Waldorfschule zu vermitteln. Die Verzögerung hängt jetzt offensichtlich an der offenen Fragestellung hinsichtlich der Vergabe des Realschulabschlusses. Die Überlegung, die Studienstufe zunächst unabhängig von der Umwandlung der acht-stufigen Sekundarstufe in die sieben-stufige Sekundarstufe mit Realschulabschluss nach Klasse elf anzuerkennen ist dem Verfahren nach nicht zielführend. Im Arbeitskreis herrscht Unverständnis angesichts der Bedenken. Es wird konstatiert: *"Die Rudolf-Steiner-Schulen haben zu keinem Zeitpunkt seit September 2003 einen Hinweis von Seiten der Schulbehörde bekommen, dass der Realschulabschluss nach Klasse Elf fraglich sein könnte."* (Protokoll 09.11.2005)

Kurz darauf findet ein Behördengespräch statt. Gegenüber Vertretern der Schulbehörde kann schließlich nachgewiesen werden, dass sich im Lehrplan von Klasse zwölf nichts befindet, was für den Realschulabschluss Voraussetzung ist. Dennoch muss die Zustimmung der Fachreferenten der Rechtsabteilung eingeholt werden: „Die logische Erklärung, dass dies von der Sache her eine ganz abwegige Frage ist, konnten wir den beiden Vertreterinnen zweifellos vermitteln, diesen Vorgang überspringen können sie aber nicht." (Protokoll 09.11.2005)

3.3.4 Protokolle Arbeitskreis Schulaufsicht/Schulabschlüsse 2006: Die Chronologie der Entscheidung

Im Protokoll vom 1. Februar 2006 geht es darum, auszuloten, wie innerhalb der Vorgaben der APO-AH so viel Freiraum für die Unterrichtsgestaltung als irgend möglich geschaffen werden kann. Bei der Durchführung soll eine gemeinsame Linie gefahren werden. Bis zur Anerkennung soll möglichst vermieden werden, durch individuelle Nachfragen bei der Behörde unbeabsichtigte Einschränkungen zu erwirken. Als generelle Linie wird angeregt, die APO-AH im Rahmen der Anerkennung – man geht davon aus, dass der Antrag wie gestellt angenommen wird – phantasievoll zu interpretieren. Anfragen, die möglicherweise Auswirkungen auf das gesamte Prüfungsprozedere haben könnten, sollen möglichst über den Arbeitskreis getätigt werden. Die Mitglieder des Arbeitskreises sind bemüht, bei der Behörde keine „schlafenden Hunde" zu wecken. Es geht auch um mögliche Durchfaller im letzten Jahr der Übergangslösung 2007. Diese Schüler würden im Jahr 2008 bei bestehender Studienstufe nach der waldorfzentralen ExPO Prüfung mit acht Prüfungen erneut geprüft werden. Das Wiederholen nach Studienstufe wird dann zukünftig in §§ 32 und 44.4 APO-AH geregelt. Danach wird nach Ende des dritten Semesters eine Zulassung zur Prüfung ausgesprochen, wenn entsprechende Vorleistungen vorliegen. Würde die Zulassung nicht erreicht, wäre der Rückgang in das zweite Semester oder ein Verlassen der Schule die Folge.

Das Spektrum der Prüfungsfächer wird in der Sitzung noch einmal konkretisiert. Mit den vier geforderten Prüfungsfächern müssen alle drei Aufgabenfelder abgedeckt sein. Im sprachlich-literarisch-künstlerischen Bereich müssen Deutsch oder eine Fremdsprache Prüfungsfach sein.

Und es gibt weitere Bedingungen:

- Ist von den Fächern Deutsch, Fremdsprache, Mathematik nur die Fremdsprache Prüfungsfach, so muss es eine weitergeführte Fremdsprache sein (Das Fach Französisch muss vor Klasse neun begonnen und fortlaufend unterrichtet worden sein.).
- Eines der Leistungsfächer muss Deutsch oder eine weitergeführte Fremdsprache oder Mathematik oder eine Naturwissenschaft sein.
- Ist Deutsch Leistungsfach, müssen Mathematik oder eine Fremdsprache Prüfungsfach sein (Ist als mündliches Prüfungsfach ausreichend).

Denkbar ist also die Kombination von Leistungskurs Deutsch (erhobenes Anforderungsniveau), Leistungskurs Biologie, Grundkurs (grundlegendes Niveau) Englisch, Grundkurs Geschichte in allen Variationen, wobei Englisch durch Französisch, Russisch oder Latein ersetzt werden kann. Biologie kann durch Mathematik (und im Prinzip Chemie oder Physik) ersetzt werden. Geschichte durch PWG, Geographie oder Religion.

Das Fach Deutsch oder die Fremdsprache kann durch zum Beispiel Kunst ersetzt werden, wenn das jeweils andere Fach Prüfungsfach ist. Das macht folgende Kombinationen möglich:

LK Kunst,	LK Fremdsprache,	GK Bio,	GK Geschichte
LK Kunst,	LK Biologie,	GK Fremdsprache,	GK Geschichte
LK Geschichte,	LK Bio,	GK Fremdsprache,	GK Kunstreise
LK Geschichte,	LK Fremdsprache,	GK Bio,	GK Kunstreise

(Durchführungskonzept Studienstufe 2004, 1)

Am 27.04.2006 wird der Antrag auf Studienstufe und die damit verbundene Anerkennung der Jahrgangstufen fünf bis 13 der Waldorfschulen von der Behörde für Bildung und Sport bestätigt.[10]

---

[10] Staatliche Anerkennung der Jahrgangstufen fünf bis dreizehn der Rudolf-Steiner-Schule Harburg. Anlage 1.

In dem individuell an die Schulen adressierten Bestätigungsschreiben heißt es exemplarisch

> Auf Ihren Antrag vom 25.02.2004 hin ist der Rudolf-Steiner-Schule Harburg mit den Jahrgangsstufen fünf bis 13 als integrierter Gesamtschule die staatliche Anerkennung verliehen worden.

> (Vgl. Staatliche Anerkennung der Jahrgangsstufen fünf bis 13 der Rudolf-- Steiner-Schule Harburg, 27.04.2006)

Gleichzeitig wird mit der Anerkennung abweichend von den staatlichen Gesamtschulen der Hauptschulabschluss am Ende der Jahrgangsstufe zehn erworben. Am Ende der Jahrgangsstufe elf wird der dem Realschulabschluss gleichwertige Schulabschluss (MSA) erworben. Daher werden abweichend von den staatlichen Gesamtschulen die Jahrgangsstufen fünf bis elf (sieben-stufig) der Sekundarstufe I und die Jahrgangstufe zwölf und 13 der Sekundarstufe II zugerechnet.

Für die Vergabe von Abschlüssen soll es keine Bestimmungen über Abweichungen vom Prüfungssystem geben. Im Schuljahr 2007/2008 wird erstmals das Abitur nach der Allgemeinen Prüfungsordnung für die Allgemeine Hochschulreife durchgeführt. Dies gilt für die Schulen Altona, Bergstedt, Bergedorf, Harburg und Nienstedten. Die Waldorfschule Wandsbek entscheidet sich gegen dieses Modell und wird weiter nach ExPO auch unter zentralen Bedingungen prüfen.

Für das erste Abitur nach Studienstufe finden zentrale Prüfungen in den Fächern Deutsch, Englisch, Französisch, Spanisch, Latein, GMK, Mathe, Biologie, Technik und Wirtschaft statt.

(Mitteilungsblatt der Behörde für Bildung und Sport 03.11.2004, Richtlinie für die Aufgabenstellung und Bewertung der Leistungen in der Abiturprüfung)

Dezentrale Prüfungen können in den Fächern Bildende Kunst, Chemie, Informatik, Geschichte, Geografie, Musik, Psychologie, Philosophie, Physik, Religion und Sport stattfinden. Hier erfolgt die Aufgabenauswahl auf Basis der Vorschläge der Schulen.

4 Die Umsetzung der Studienstufe an den Schulen

4.1 Waldorfessentials in der gymnasialen Oberstufe

Anhand der Protokolle lässt sich nachvollziehen, dass die Bereitschaft der Schulen angesichts der drohenden Verschärfung durch die zentralen ExPO Vorgaben groß war, auf die Studienstufe zuzugehen. Jedoch standen auch nach Anerkennung der Studienstufe durch die Behörde für Bildung und Sport und der Entscheidung, den Weg in die Studienstufe zu gehen, zwei Fragestellungen weiterhin im Mittelpunkt: Wie kann nach APO-AH geprüft werden ohne Kernelemente der Waldorfpädagogik in der zwölften Klasse preiszugeben und wie kann das Bildungsziel der auf zwölf Schuljahre angelegten Waldorfpädagogik unter diesen Umständen noch sichergestellt werden? Im Spannungsfeld zwischen den durch das Einbringen der schulischen Leistungen aus zwei Schuljahren erleichterten Abiturbedingungen und den waldorfspezifischen Kernaspekten der zwölften Klasse wurde angestrebt, die Alleinstellungsmerkmale der Waldorfpädagogik weitgehend zu erhalten. Abseits der zentralen Vorgaben, die sich in den Folgejahren weiter verschärft haben, bestand und besteht Gestaltungsspielraum für die Waldorfschulen. Dieser ist auch im Hamburgischen Schulgesetz ganz ausdrücklich verankert:

> „Schulen in freier Trägerschaft sind ein Bestandteil des Schulwesens der Freien und Hansestadt Hamburg. Sie erweitern das schulische Angebot und können das Schulwesen durch besondere Inhalte und Formen der Erziehung und des Unterrichts fördern.
>
> (Hamburgisches Schulgesetz (HmbSG, § 112 (1))

Dieser Handlungsspielraum wird in allen Fächern von den Schulen in unterschiedlicher Ausgestaltung und Intensität genutzt.[11] Dennoch müssen Zugeständnisse gemacht werden. So können aus Waldorfsicht wichtige Überblicksepochen vereinzelt nicht oder nur mit verschobenem Schwerpunkt gegeben werden. Auch steht das Credo der Bildungsreform „Kompetenzen statt Inhalt" dem Waldorfansatz, Themen jahrgangsspezifisch und entwicklungspsychologisch auszuwählen, weiterhin entgegen.

---

[11] Umsetzung der Waldorfessentials in der gymnasialen Oberstufe am Beispiel der Rudolf-Steiner- Schulen Altona, Harburg, Nienstedten. Anlage 2

Deutlich wird, dass die Schulen kreative Wege beschreiten, um die besonderen Schwerpunkte der Waldorfpädagogik auch in der gymnasialen Oberstufe zu erhalten. Am Beispiel der Schulen in Altona, Nienstedten und Harburg soll im Folgenden das individuelle Bemühen um den Erhalt der angesprochenen Alleinstellungsmerkmale skizziert werden. Eine besondere Schwierigkeit ist die Integration des Faches Eurythmie, welches als spezifisches Waldorffach nur schwer in den Anforderungskanon staatlicher Vorgaben passt. In der Rudolf-Steiner-Schule Altona wurde Eurythmie zum Start in die Studienstufe in den Bereich Musik integriert beziehungsweise als ein Parallelfach geplant. So konnte Eurythmie als zweiter Musikkurs gewertet und in Kombination mit Musik sogar als Prüfungsfach gewählt werden. Dieses Fächerduo sollte dann durch alle vier Semester der gymnasialen Oberstufe unterrichtet werden. Allerdings war bei der Ausgestaltung des ersten Durchgangs in der gymnasialen Oberstufe nicht absehbar, ob die kreative Einordnung des Faches Eurythmie Bestand haben würde. Dies wird in einem Protokoll der RSS Altona deutlich. Hier wird befürchtet, dass die Version perspektivisch nicht *„behördentauglich"* sein könnte.

(Vgl. Protokoll Oberstufenkonferenz 1.2. 2007, RSS Altona)

Alternativ wird dort die Möglichkeit erörtert, Eurythmie im Fach Deutsch einfließen zu lassen. Dies würde zumindest in dem im Protokoll angesprochenen Jahrgang möglich werden, da Deutsch zu diesem Zeitpunkt nicht als Prüfungsfach angeboten werden würde. Somit könnte nach dem Waldorflehrplan unterrichtet werden und eine Integration von Eurythmie in den Deutschunterricht wäre unproblematisch. Ebenfalls wurde überlegt, Eurythmie perspektivisch im Fach Darstellendes Spiel zu etablieren. Darstellendes Spiel war jedoch zum Zeitpunkt der Einführung noch kein anerkanntes Fach in der Oberstufe. (Vgl. Protokoll Oberstufenkonferenz 14.02.2007, RSS Altona)

Heute (2017) wird Eurythmie in Altona in der zwölften Klasse als musikpraktischer Teil gewertet, etwa vergleichbar mit Orchesterleistungen. In der elften Klasse liegt der offizielle Abschluss mit den Einzeldarbietungen. Das Beispiel Altona zeigt, dass sich diverse Ansätze finden lassen, um ein dem staatlichen Lehrplan fernes Fach wie Eurythmie auch weiterhin in den Klassen zwölf und 13 zu unterrichten.

In der Rudolf-Steiner-Schule Nienstedten ist die Teilnahme am Eurythmie-unterricht in Klasse zwölf verpflichtend. Gemäß dem anerkannten Lehrplan der Waldorfschulen findet auch der Eurythmieabschluss nach der zwölften Klasse statt. Auf Wunsch der Fachlehrer und als individuelles Merkmal der Schule gibt es in diesem Fach keine Noten und es gibt keine Übersetzung in die Sprache der Profilstufe.

Die Rudolf-Steiner-Schule in Harburg macht Eurythmie in der zwölften Klasse nach wie vor ebenfalls zur Pflicht. In Klasse 13 können Schüler Eurythmie abwählen.

Die Einbeziehung der Kunstreise in die neuen Rahmenbedingungen gestaltete sich an den Schulen deutlich unproblematischer. Die Kunstreise lässt sich in den Kunstunterricht integrieren. Dies wird in allen Hamburger Waldorfschulen mit gymnasialer Oberstufe praktiziert. Somit findet hier ein weiteres Waldorf Essential Einzug in die Studienstufe. Ebenfalls konnten für die Integration des Klassenspiels in der zwölften Klasse kreative Lösungen gefunden werden. In Nienstedten hat man sich entschieden, das Theaterstück als Abschluss der gemeinsamen Schulzeit zu etablieren. Hier findet das Projekt ganz am Ende der elften Klasse statt. Das hat zur Folge, dass das Klassenspiel noch ohne Benotung mit der gesamten Klasse erlebt werden kann. Jedoch gibt es nach Aussagen der Prozessbeteiligten in Bezug auf die Intensität, mit der Rollen ergriffen werden, Unterschiede, ob das Theater in der elften oder zwölften Klasse erarbeitet wird. In Harburg und in Altona findet das Klassenspiel konsequent in der zwölften Klasse statt. Die Integration in die Vorgaben ist inzwischen problemlos. Das Klassenspiel ist in Hamburg als Darstellendes Spiel als Prüfungsfach auf grundlegendem Niveau theoretisch möglich.

(Vgl. Bildungsplan Gymnasiale Oberstufe 2009, Darstellendes Spiel, 14)

Die Lehrer sehen sich jedoch nach den neuen Regeln mit der Problematik der Bewertung konfrontiert.

Es stellen sich viele Fragen: Welche Konsequenzen hat es für ein künstlerisches Klassenprojekt, wenn am Ende Beurteilungen für individuelle Leistungen vergeben werden müssen? Was ist ein „sehr gut?" Die textintensive Hauptrolle oder die schauspielerische Glanzleistung in einer Nebenrolle? Oder kann auch das Engagement über die Rollen hinaus, beispielsweise Beleuchtung, Kostüme oder Bühnenbild zu einem „sehr gut" führen?

Auch das Sozialpraktikum kann in der zwölften Klasse weitergeführt werden. Die Schulen in Altona und Nienstedten bieten das Praktikum jeweils als Seminarleistung an.

Diese kann ebenfalls in die Gesamtwertung einfließen. In Harburg war das Sozialpraktikum zu keiner Zeit in der zwölften Klasse vorgesehen. Grundsätzlich sind seminaristische Projekte als Nachweis wissenschaftspropädeutischen Arbeitens in der gymnasialen Oberstufe in Hamburg ausdrücklich gewollt.

Die Jahresarbeit hat in den Schulen unterschiedliche Bedeutung. In Harburg ist die Jahresarbeit ein Projekt der elften Klasse. Dies wird schon lange praktiziert. Die Einführung der Studienstufe führte zu keiner Veränderung. In Nienstedten hat man sich ebenfalls schon vor Einführung der Studienstufe dafür entschieden, das Projekt nicht mehr durchzuführen. Dort hatte man die Erfahrung gemacht, dass das Niveau der Arbeiten häufig zu wünschen übrig ließ, so dass der eigentliche Anspruch an die Jahresarbeit, eine hochwertige, reflektierte und anspruchsvolle Leistung zum Nachweis der Reife eines Zwölftklässlers zu sein, vielfach nicht erfüllt werden konnte.

Ariane Jost, Deutschlehrerin und Oberstufenkoordiantorin in Nienstedten, nennt einen weiteren, wichtigen Aspekt für den Verzicht auf die Jahresarbeit:

> Es gab keine Akzeptanz im Kollegium und bei den Eltern für ein Versagen. Wenn ein Schüler sich nicht organisieren konnte, dann musste die Präsentation vor den Eltern immer wieder von den Lehrern gerettet werden. Das war ein Anspruch der Lehrer an sich aber auch der Eltern an die Schule. Wir haben dem Schüler letztlich so die Erkenntnis erspart, an der einen oder anderen Stelle bin ich nicht weitergekommen. Und das stimmte vorne und hinten nicht. Die Absage an die Jahresarbeit ist kein Preis der Studienstufe.
>
> (Ariane Jost 2017, Gespräch)

Auch in Altona konnte sich die Jahresarbeit nicht etablieren. Lediglich in einigen Jahrgängen sei es in der Vergangenheit gelungen, die Arbeit auf dem Niveau einer zwölften Klasse anzubieten. Grundsätzlich hätten aber ähnliche Aspekte wie auch für Nienstedten beschrieben, dazu geführt, dass die Jahresarbeit unabhängig von der gymnasialen Oberstufe nicht durchgeführt wird, sagt Heike Rosenthal, Oberstufenkoordinatorin an der Rudolf-Steiner-Schule in Altona.

4.2 Überblicksepochen und Bildungsideal in der gymnasialen Studienstufe

Besondere Anstrengungen verlangte der Erhalt des Epochenunterrichts und der Überblicksepochen nach Einführung der gymnasialen Oberstufe. Die Überblicksepochen der einzelnen Fächer sollen in der zwölften Klasse gemeinsam mit den eben beschriebenen künstlerisch, musischen Elementen in ihrer Ganzheitlichkeit den Kulminationspunkt der Waldorfpädagogik formieren. Dazu sagt Rudolf Steiner: „Der Mensch findet, erkennend die Welt, sich selbst und erkennend sich selbst offenbart sich ihm die Welt." (Steiner 1986, Wahrspruchworte, 292 GA 40)

Caroline von Heydebrand drückt es ganz ähnlich aus: "In seinem letzten Schuljahr wird ihm (dem Schüler) noch einmal ein Überblick über die einzelnen Wissensgebiete gegeben. Alles aber, was so besprochen wird, soll sich zusammenschließen zu einem Bilde des Menschen selbst und seines Darinnenstehens in der Welt."

(Heydebrand 1925, 37)

Und im Lehrplan von Tobias Richter heißt es: „Im Lehrplan der 12. Klasse soll, die Entwicklung der zwölf Schuljahre zusammenfassend, das in einem großen Tableau erscheinen, was der bedeutendste Bildungsaspekt der Waldorfschule ist: Der Mensch – Seele der Schöpfung; der Mensch als zentrales Wesen im Kosmos."

(Richter 2010, 91)

Die Essenz dieser Zitate ist das Bildungsziel Mensch. Der freie, autonome Mensch, befähigt zur individualisierten Urteilsfähigkeit. Erst in der zwölften Klasse kann sich der Schüler in diese individualisierte Freiheit stellen und sich im Weltenzusammenhang verorten. Den Überblicksepochen kommt dabei eine besondere Bedeutung zu.

Exemplarisch für den Wert der Überblicksepochen kann die Durchdringung des Menschheitsdramas Faust von Johann Wolfgang von Goethe gesehen werden. Goethes epochales Werk beschreibt wie kaum ein anderes das Ringen des modernen Menschen um Erkenntnis.

Fragen um Wissenschaft und Moral, die Auseinandersetzung mit dem Bösen, Fragen nach Verantwortung, Schuld, Freiheit und Liebe fordern den Zwölftklässler in seiner Reife über die eigene Nasenspitze hinauszugucken und Weltenzusammenhänge unabhängig vom eigenen Ich zu erkennen und zu durchdringen.

(Vgl. Richter 2010, 147) Ich und die Welt und die Welt und Ich werden in ihrer Komplexität am Faust anschaulich. Durch das Gesagte wird noch einmal deutlich, dass die Faustepoche ein essentielles Element der zwölften Klasse ist im Hinblick auf die Zielsetzung der Waldorfpädagogik. Der staatliche Lehrplan sieht abgesehen von den Anfängen der Studienstufe keine zwingende Bearbeitung des Faust vor. Dies stellt die Waldorfschulen in ihrem Bestreben, auch nach APO-AH weiterhin Waldorfpädagogik in der zwölften Klasse anzubieten, vor besondere Herausforderungen.

In Nienstedten wird die Deutschepoche mit Faust und dem Überblick über die Geschichte der Literatur unabhängig von den zentralen Vorgaben unterrichtet.

Auch im Fach Geschichte findet in Nienstedten eine Überblicksepoche statt. Diese ist gekennzeichnet von drei Motiven. Die Schüler erhalten einen Überblick über die Weltgeschichte. Sie lernen die Zukunft als Ort individuellen Handelns begreifen und daraus resultierend ihre Rolle im Weltgeschehen. Diese offenbart sich aus einer Position der Freiheit heraus und fordert Verantwortung als Mitgestalter. (Vgl. Richter 2010, 250)

In Biologie findet Botanik als Überblick gemeinsam mit dem Goetheanismus statt.[12][13] Eine spezielle Zoologieepoche, die ihm Lehrplan von Richter empfohlen wird, findet nicht statt. Auch das Unterrichten in Epochen wird in Nienstedten weiter beibehalten. Eine Ausnahme bilden die Fächer, Englisch, Sport, Französisch und Latein.

In Harburg finden sich Überblicksepochen lediglich in *„Seitensträngen"* wieder. (Mail von Klaus M. Maurer, 28.01.2017) Die Gründe dafür liegen zum einem an den staatlichen Erfordernissen, aber auch an ökonomischen Aspekten. Das Fächerangebot muss auch wirtschaftlich vertretbar sein. Daher ist es in Teilen unmöglich, für eine geringe Kursstärke bestimmte Fächer anzubieten. Ein weiterer Aspekt sind die Wahlmöglichkeiten der Schüler. Unbeliebte Fächer können abgewählt werden. So wird es schwieriger, den angestrebten Gesamtüberblick am Ende der Schulzeit umzusetzen.

Klaus Michael Maurer betont, dass nur vereinzelt gegebene Überblicksepochen das eigentliche Bildungsziel nicht ganz erreichen könnten. Es gehe im Endeffekt darum, die erarbeiteten (Er)-Kenntnisse aus elf Jahren Waldorfschule in einem großen Tableau zusammenfließen zu lassen. Dies ließe sich unter den gegebenen

---

[12] Unter Goetheanismus versteht man eine im Umfeld der Anthroposophie und der Waldorfpädagogik gebräuchliche Bezeichnung für eine ganzheitlich orientierte Wissenschaftsmethodik, welche sich an den Naturstudien Johann Wolfgang von Goethes orientiert

Bedingungen nicht vollständig umsetzen. Die mit den Überblicksepochen angestrebte Multiperspektivität in der Waldorfschule müsse zwangsläufig darunter leiden. Konsequent wird jedoch die Faust-Epoche angeboten und auch die Überblicksepoche über die Literaturgeschichte.

Auch grundsätzlich wird der Epochenunterricht weiter fortgeführt. Er wird in Biologie, Deutsch, Mathematik, PGW, Philosophie und Kunst erteilt.

(Mail von Klaus M. Maurer, 28.01.2017)

In Altona wird seit Anbeginn der Studienstufe weiterhin in Haupt-unterrichtsepochen unterrichtet. Goethes Faust wird nicht voll umfänglich unterrichtet. Der Schule geht es inhaltlich vor allem darum, Lebensfragen der jungen Menschen aufzugreifen und zu bewegen. Im Bestreben, Urteilsfähigkeit zu entwickeln, könne dies auch an anderen Inhalten gelebt werden. (Vgl. Rosenthal 2017, 79) In den Naturwissenschaften gibt es Überblicksepochen in den Bereichen Botanik und Zoologie. Der Schwerpunkt ist vom Phänomenologischen ein wenig verschoben in Richtung allgemeine Prinzipien.

Zur Vorbereitung wird daher in der elften Klasse vorgreifend eine mehrtägige Ökologie Exkursion angeboten.

Deutlich wird, dass trotz der vorhandenen Gestaltungsmöglichkeiten die Entscheidung für die Studienstufe Zugeständnisse an das pädagogische Ideal erfordert. Die Schulen gehen hier individuelle Wege.

Dies führt zu der abschließenden Überlegung, ob sich aus Sicht der ausgewählten Schulen unter den gegebenen Bedingungen das Bildungsideal Rudolf Steiners *„Der Mensch findet, erkennend die Welt, sich selbst, und erkennend sich selbst, die Welt"* weiterhin verwirklichen lässt.

(Steiner 1986, Wahrspruchworte, 292, GA 40)

Die implizite Fragestellung beantwortet Heike Rosenthal mit einem klaren Ja. Das Ziel der Oberstufe sei es doch, die Ausbildung einer Urteilsfähigkeit zu erreichen: *„Urteilsfähigkeit als Ich-Leistung."* (Rosenthal 2017, 79)

Heike Rosenthal bewertet positiv, dass in der gymnasialen Oberstufe der gesamte Fächerkanon erhalten bleiben könne und dass die gegebenen Gestaltungsspielräume den Erhalt der individuellen Schwerpunkte der Waldorfpädagogik weiterhin sicherstellen. Dort, wo dies nicht in vollem Umfang möglich sei, müsse man zeitbezogen suchen, welche Inhalte die Entwicklung zur Urteilsfähigkeit auch befördern könnten und wie diese gemeinsam mit den

Jugendlichen erschlossen werden können. Inhaltlich biete der Lehrplan dazu einen großen Schatz. (Rosenthal 2017, 79)

Die Pädagogik der Waldorfschule laufe ja letztendlich auf die Unterstützung der Entwicklung individuell urteils- sowie kooperationsfähiger Menschen hinaus, so Rosenthal. Gerade für die nicht vorwiegend intellektuell ausgerichteten Schüler biete die gymnasiale Oberstufe deutlich mehr Möglichkeiten.

Auch Ariane Jost beantwortet die Frage, ob die Umstellung auf die gymnasiale Oberstufe richtig war, mit einem klaren Ja. Auch Nienstedten bemühe sich, die Gestaltungsspielräume auszunutzen, um den Einfluss der zentralen Vorgaben möglichst gering zu halten. Dafür wird in Nienstedten die Auswahl der möglichen Prüfungsfächer stark eingeschränkt. Dadurch betrifft das Zentralabitur mit seinen Vorgaben nur wenige Fächer. Viele Kollegen sind daher frei. In Bezug auf das Überblickstableau der zwölften Klasse versucht Ariane Jost in ihrem Unterricht *„aus ganzem Herzen diese Erfahrung anzulegen, [...] in künstlerischen Zugriffen und in der intensiven Arbeit im rhythmischen Teil."* (Jost 2018, Mail 28.01.2018)

Bedingung für die Zukunft wird es sein, so Ariane Jost, das Bewusstsein für das Bildungsideal - den freien, autonomen Menschen - immer wieder wachzurütteln. Die Versuchung des Marktes um vorgegebene Unterrichtsmodelle „mit Erfolgsgarantie" widerspreche diesem Ideal. Junge Kollegen müssten in diesem Sinne stark gemacht werden.

Auch Klaus Michael Maurer sieht das Bildungsziel der Waldorfpädagogik nicht in Gefahr:

> Da dieses Bildungsziel weit über die 12. Klasse der Waldorfschule hinausgeht, sondern ein Lebens-Bildungs-Ziel beschreibt, kann die Einführung der Studienstufe hier allenfalls eine kleine Zäsur auf dem Weg bedeuten, quasi ein neuer, kleiner Pfad, der den bisher beschrittenen mehr ergänzt als beeinträchtigt.

(Klaus M. Maurer 2018, Mail 28.01.2018)

5 Stimmen der Prozessbeteiligten

5.1 Gespräch mit Ariane Jost - Deutschlehrerin und Oberstufenkoordinatorin Waldorfschule Nienstedten

Monika Zöllner: Mit der Gesetzesnovelle von 2003 begannen zentrale Prüfungen in das Schulsystem in Hamburg Einzug zu halten. Der Fokus der Schulbehörde lag dabei eindeutig auf der Schulung von Kompetenzen und Fähigkeiten. Das Vermitteln von Inhalten sieht die Behörde eher nachrangig. Inhalte und deren jahrgangsabhängige Zuordnung sind aber ein Kernpunkt der Waldorfpädagogik. Wo liegt das eigentliche Problem mit den unterschiedlichen Ansätzen?

Ariane Jost: Es war das Verhandlungsziel der Behörde gegenüber, zu differenzieren zwischen Kompetenz und Stoff, weil es ja das Alleinstellungsmerkmal der Waldorfschule ist, dass man sich nicht über die Methoden und Kompetenzen jahrgangsmässig definiert. Dann wäre es letztlich egal, welche Themen ich nehme.

Ein Beispiel: Der Neuntklässler soll Inhaltsangaben lernen und da ist es im staatlichen System völlig irrelevant, an welcher Kurzgeschichte er das macht. Die Denke der Waldorfschule wäre genau umgekehrt. Hier geht es darum, was inhaltlich an die Seele des Neuntklässlers herangebracht gehört. Die Übung der Inhaltsangabe muss abfallen an dem Stoff, der altersgemäß wichtig ist. Das heißt, Waldorfpädagogik ist eine Pädagogik vom Kinde aus gedacht, also die Inhalte sind die eigentliche Nahrung für die Seele, die Biographiebegleitung. Und die Kompetenzen sind dienend und nicht umgekehrt. Und das war die Diskussion mit dem Schulrat, der sich auf den Standpunkt stellte, es gehe doch immer nur um Kompetenzen und Fähigkeiten und Fertigkeiten, die abgeprüft werden, und es könne ihnen doch egal sein an welchen Inhalten.

Und diese Verständigung darüber, dass Inhalte an der Waldorfschule zutiefst pädagogisch ausgesucht sind und den Altersstufen zugeordnet und damit auch zu diesen Altersstufen passen müssen, diese Diskussion war uns tatsächlich wichtig.

MZ: Für einige Waldorfschüler ist seit der Einführung der Studienstufe die Schule nach Klasse elf zu Ende. Könnte man theoretisch zwölf Jahre Waldorfpädagogik in elf Jahren unterbringen? Es gab und gibt ja durchaus Gedankengänge in diese Richtung.

AJ: Man kann nicht zwölf Jahre in elf Jahre packen, denn da würde man ja genau die Idee aufgeben, die ich auch wirklich vehement vertrete. Der Unterrichtsstoff ist an die Altersentwicklung gebunden und die Kraft für die Überblicke der zwölften Klasse, die hat man auch erst mit 18 Jahren.

Sie sehen auch, wenn sie die Abiturarbeiten korrigieren, ob jemand in der 13. oder in der zwölften Klasse ist. Sie können die Schüler auf dieselbe Kompetenz trimmen, aber nicht auf dieselbe Lebensreife. Das geht nicht. Und ich bin Deutschlehrerin, da sieht man das nun wirklich 1:1. Ein 17-Jähriger kann nicht so schreiben wie ein 19-Jähriger oder ein 18-Jähriger, weil er diese Seelenreife noch nicht hat. Und insofern haben wir das überhaupt nicht versucht, irgendetwas vorzuziehen. Das Einzige, was wir gemacht haben ist, dass wir das Klassenspiel, welches in Klasse zwölf war, auf den absoluten Schluss von Klasse elf gelegt haben.

Also die elfte Klasse endet bei uns mit dem Klassenspiel. In den letzten Wochen des Schuljahres erleben die Schüler so eine Intensivprobenphase. Da wird nur noch ein Stück inszeniert und das ist so eine Art Abschluss der Waldorfschule und damit auch der Abschluss dieser Gemeinschaft, die sich dann ja ein Stück weit dadurch, dass die einen in die Welt hinaus gehen und die anderen bleiben, auch auflöst. Aber auch da merkt man den Unterschied, das sagen uns die Regisseure, ob jemand in Klasse elf ist oder Mitte Klasse zwölf. Und zwar in dem Zugriff auf Rollen und auch was die Kraft anbetrifft, Gedanken oder auch Deutungen von Rollen aus sich herauszuarbeiten.

MZ: Es gibt die These, dass die Schüler heute früher weiterentwickelt sind als zu Rudolf Steiners Zeiten, und das wird unter anderem an dem Flynn Effekt festgemacht. Auch wird in einem Artikel von Dr. Richard Landl die These aufgestellt, dass Schüler heute möglicherweise früher diese Reife eines Zwölftklässlers erlangen.

AJ: Was mir auffällt, wenn ich jetzt zum Beispiel eine Poetikepoche unterrichte und die über viele Jahre vergleiche, dann sind die Schüler heute früher bereit, sehr Persönliches in Bilder und Worte zu kleiden.

MZ: Kommt das durch den Einfluss von Social Media, was meinen Sie?

AJ: Ich meine nicht entblättern, sondern ich spreche von verarbeiten. Nehmen Sie zum Beispiel ein Gedicht mit dem Thema Versuchung. Was ist eigentlich Versuchung? Es ist natürlich eine Frage, wie Sie das aufziehen. Wenn Sie nur persönliche Erlebnisse abfragen, das ist dann Social Media. Aber wenn Sie die Schüler auf philosophische Ebenen führen in der 10. Klasse, dann können sich

Schüler heute früher als vor Jahren individualisiert auf den Weg machen. Aber das ist nicht intellektuell, das ist eine Kraft des sich Öffnens für Spirituelles. Das finde ich auffällig, dass das heute früher ist. Wenn es um Reife geht, dann würde ich das nicht sagen. Um Öffnungsfähigkeit – das ja, aber nicht um Reife. Reife wird für mich an der Fähigkeit erkennbar, Phänomene in ihrer Komplexität und in den Zusammenhängen zu durchschauen. Es geht um das tiefe Verständnis von Bezügen, nicht um das Begreifen von Einzelzusammenhängen. Diese und Intellekt kann man ja trainieren.

Man kann sich natürlich vornehmen, die Methoden schneller zu schulen oder Inhalte reinzustopfen, und zu sagen: Was du in 13 Jahren lernen musst, das lernst du jetzt in zwölf Jahren. Das ist überhaupt kein Problem, ein Kind dazu zu verbiegen. Aber den Reifeweg können Sie dem Kind nicht abnehmen. Sie können es schneller stopfen, aber Sie können es nicht schneller entwickeln.

MZ: Hat die Einführung der Studienstufe oder der Profiloberstufe Auswirkungen auf die Abiturnote gehabt? Gibt es bessere Ergebnisse?

AJ: Ja, auf jeden Fall. Es können schwächere Schüler immer noch ein Abitur erreichen. Das Zentralabitur macht dies möglich durch das Prinzip des Eichhörnchens. Also ein Schüler, der in diesen rein analytischen Kompetenzen keine großen Stärken hat, der ist früher gar nicht in die Vorbereitung zugelassen worden. Wir hatten hier intern in der Schule einen Notendurchschnitt von Zwei als Voraussetzung zur Zulassung. Wer den nicht hatte, der wurde nicht ins letzte Jahr zugelassen. Und jetzt gilt, wer mit E4 (eine 4 auf erhöhtem Anforderungsniveau) in allen Fächern den MSA erreicht, darf in die Profilstufe. Dadurch kommen mehr Schüler bis zum Abitur. Dadurch, dass auch die Musikleistung, auch die Orchesterleistung, das Sozialpraktikum, die Kunstreise, die kreative Aufgabe im Deutschunterricht ecetera eingerechnet werden, dadurch, dass all diese Dinge ja als kleine Puzzlesteinchen in diese Gemengelage „laufende Kursleistung" einfließen, schaffen mehr Schüler das Abitur. 2/3 des Abiturs sind ja Alltag.

Und nur 1/3 des Abiturs ist Prüfung. Und durch diese Organisation des Abiturs schaffen mehr Schüler das Abitur als früher. Und die Durchschnittsnoten sind besser geworden.

MZ: Provokativ gefragt, ist dann die Eichhörnchenmethode mehr Waldorf?

AJ: Ja. Der Bruch von Waldorf zu den Bedingungen des Externenabiturs lag nicht so sehr in den Leistungen begründet. Das war nicht so schwer zu unterrichten. Die Schwierigkeit bestand in dieser Vereinseitigung des Blicks auf den Menschen, und das war hart. Wenn jemand mit Empathie zu ganz schönen Einsichten auch rund um literarische Werke kommt, sich im Gespräch gut beteiligen kann, weil er aus einer ganz anderen menschlichen Kraft heraus versteht, um was es da geht und welche Welt so ein Werk eröffnet, dann kann derjenige im jetzigen System durch das Gespräch und die laufende Kursleistung diese Fähigkeiten tatsächlich honoriert bekommen, während das Abitur in diesem Fremdenabitursystem ja wirklich nur diese analytisch abstrakte Ebene abfragt.

Und das war ein ganz harter Bruch für die Schüler. Dieses sich plötzlich nur noch in dieser schmalen Bandbreite der Betrachtung zu sehen und auch damit in tiefe Krisen zu stürzen, was das Selbstwertgefühl anbetrifft. Denn wenn Sie nicht erleben, dass das Künstlerische oder das Empathische oder das Soziale auch eine echte Kompetenz ist, wenn man immer nur abgeprüft wird auf dieser einen Schiene, dann haben die Schüler zum Teil von dem, was sie von sich selbst als Mensch gehalten haben, nichts wiedergefunden. Ihnen ist die Welt zusammengebrochen.

Das war die eigentliche Härte des Übergangs beim Externenabitur. Pauken kann grundsätzlich ja auch Spaß machen. Denn diesen Kampf um Bewertung, den gab es nicht im Fremdenabitur.

MZ: Jetzt spielt ja jeder Test, jede Benotung in der Eichhörnchenmethode eine Rolle.

AJ: Ja stimmt, aber jeder macht das so, wie er es für richtig hält. Ich weigere mich zum Beispiel, in der zwölften und 13. Klasse unter Hausaufgaben Noten zu schreiben. In Deutsch. Ich mache es nicht, und die Schüler leben damit und ich werde nicht gefragt, ob ich es machen könnte.

MZ: Aber Sie schreiben ja was darunter, daraus kann man ja auch was ablesen.

AJ: Mir ist wichtig, dass die Schüler verstehen, was gut ist. In meinem Fach Deutsch schreibe ich darunter, was richtig ist. Und ich merke an, wo der Schüler sich verbessern kann und wo was fehlt.

Das reicht. Ich habe es mehrfach ausprobiert mit Schülern, wenn sie dann sagten, andere Lehrer schreiben Noten drunter. Dann sage ich: Schreiben Sie mir drunter, was Sie glauben, was das für eine Note ist und dann sage ich Ihnen, ob Sie sich richtig eingeschätzt haben. Das machen manche Schüler tatsächlich und sie schätzen sich richtig ein. Aber es ist ein Unterschied. Denn wenn Sie als Lehrer die Note darunterschreiben, wird sie zu einem Gespenst. Und genau deswegen mache ich das nicht.

MZ: Wenn ich es richtig verstanden habe, dann war der Hauptgrund für das Bemühen um die Studienstufe die Einführung zentraler Prüfungen, was eine weitere Schlechterstellung der Waldorfabiturienten gegenüber den Absolventen staatlicher Schulen bedeutete.

AJ: Genau. Wenn man 100 Prozent nur durch Prüfungen erreicht, dann widerspricht das eigentlich der Vorstellung, den Menschen als Ganzes zu sehen. Mit zentralen Prüfungen war damit auch die Möglichkeit, auf die einzelnen Klassen einzugehen auch inhaltlich völlig weg. Es ist eben ein Unterschied, ob ich meine Aufgabe selber einreiche. Die hatten dann zwar Abiturniveau, ich war aber völlig frei in der Ausgestaltung, auch was die Inhalte anbelangte. Also frei in allem, was ich an die Schüler herangetragen habe. Aber wenn ich die Inhalte diktiert bekomme und die Methode diktiert bekomme und dann eine Aufgabe habe, die ich vorher nicht kenne, da fanden wir es dann nicht mehr zumutbar, dass die dann 100 Prozent zählt.

MZ: Von damaligen Mitgliedern des Arbeitskreises habe ich gehört, dass eigentlich nur die Waldorfinhalte in Behördendeutsch übersetzt werden mussten, um zum Beispiel den Eurythmieabschluss im Darstellenden Spiel oder Musik anrechnen zu können. Wie sehen Sie das?

AJ: So haben wir das auch gemacht. Wir haben zum Beispiel das Sozialpraktikum bei uns als Teil der PGW Note integriert. Da haben wir zum Beispiel diese Übersetzung gemacht.

Wir haben auch Freiheit entdeckt in der Gewichtung.

Es gibt keine Vorschrift, in welchem Schuljahr wie viele Stunden für die Fachbereiche laufen müssen. Es sei denn, es sind Fächer, die durchgehend unterrichtet werden müssen mit vier Stunden, zum Beispiel Deutsch Mathe und Englisch. Aber beispielsweise für die Gesellschaftswissenschaften und für die Naturwissenschaften gibt es eine Endstundenzahl der ganzen Profilstufe. Wenn Sie die Prüfungsordnung angucken, müssen Sie soundso viele Stunden

Naturwissenschaften gehabt haben und wir haben diese dann zunächst gerecht verteilt auf vier Semester, so dass der Schüler, wenn es einen Grundkurs Bio und einen Physik gibt, dann beide Grundkurse zwei Schuljahre lang belegen musste. Am Ende zählt dann aber nur ein Kurs. Dann entsteht das, was an den staatlichen Schulen auch beobachtet wird. Im zweiten Jahr, wenn es dann auf die Abiturvorbereitung zugeht, überlegen die Schüler: Ach Physik, das zähle ich nicht, das sitze ich nur ab. Da gehe ich hin und will nur einen Punkt.

Das sind ja pädagogisch unerträgliche Zustände. Und da haben wir gesagt: Wir sind eine Waldorfschule, die in der zwölften Klasse diese großen Überblicksepochen und Abschlüsse hat. Wir verteilen von diesen Pflicht-Naturwissenschaften den Löwenanteil auf Zwölf und machen diese großen zusammenfassenden Epochen in Physik, in Chemie und in Biologie. Und in der 13. Klasse macht der Schüler nur noch ein Fach. Dadurch, dass er in zwölf mehr gemacht hat als er muss, kann er in 13 etwas abgeben und dieses

„Ich habe keine Zeit mehr, ich sitze es ab", fällt weg.

Das haben wir beraten und dann hat der Schulrat gesagt: Ja, das ist richtig, das dürfen Sie so auslegen. Er ging wohl aber davon aus, dass das niemand machen würde, denn wer wollte in Zwölf soviel arbeiten? De facto haben wir ja die Epochen und das haben wir auch beibehalten. Und so gehen die Schüler jeden Tag von acht bis zehn zur Schule und machen diese ganzen Epochen und sind heilfroh, dass sie auf zwölfte Klasse Niveau alles abgearbeitet haben und nicht alles in die 13. Klasse mitschleppen müssen. Solche Sachen entdeckt man aber nicht am Anfang. Da ist man so formal. Insofern haben wir diese Überblicksepochen am Anfang nicht so selbstbewusst hineingenommen. Einiges haben wir von Anfang an verteidigt. Wir haben gesagt, die Faustepoche bleibt, egal was das Zentralabitur diktiert. Wir hatten Glück. Im ersten Jahr war „Faust" zentrales Prüfungsthema.

Das empfinden die Kollegen auch als Freiheit, dass diese auch wirklich essentiellen Waldorfinhalte auch weiterbewegt werden können. Wir haben auch die Kunstreise weiterhin drin. Für alle verbindlich und alle die mitreisen, müssen auch die vorbereitende Epoche mitmachen. Man kann nicht sagen, ich habe Musik gewählt und Kunst mache ich nur zum Spaß, vor allem die Reise. Insofern haben wir auch unseren Schülern zugemutet, dass auch nicht alles in den „Sack der Durchschnittsnote" passt. Aber dass sie trotzdem alles machen müssen.

MZ: Zunächst gab es nur ein länderweites Zentralabitur, inzwischen gibt es das bundesweit. Einerseits haben sich die Bedingungen immer weiter verschärft und verschlechtert, andererseits sagen Sie, dass es Ihnen gelungen ist, dann doch wieder zunehmend Waldorfinhalte in den Waldorflehrplan aufzunehmen. Sind die Schulen nun insgesamt unfreier geworden?

AJ: Ich kann das nur für Deutsch sagen. Ich finde, dass mit dem bundesweiten Abitur die Tendenz da ist, immer noch mehr reinzustopfen, aber das Niveau dafür einen Tick zu senken. Das macht etwas mit Schülern und Lehrern.

In Mathematik zum Beispiel kommt immer mehr hinzu und das bewirkt, dass die Kollegen das Gefühl haben, man müsse eigentlich immer früher damit anfangen, vorzubereiten. Und auch in Deutsch muss man sehr gut planen, um vier Semesterthemen so zu unterrichten, dass noch Atem entsteht mit Inhalten umzugehen und auch aufzufangen, was einem an Einseitigkeiten inhaltlich von der Behörde diktiert wird.

Also das noch lebendig zu kriegen, da braucht es wirklich eine gute Planung. Meine große persönliche Sorge ist die, dass wir Gefahr laufen uns als Waldorfschulen durch das Zentralabitur zu sehr an Standards anzupassen, auch was die Vorbereitung anbelangt. Es gibt da auch diesen gigantischen Abiturvorbereitungsmarkt mit Trainingshandbüchern. Das hat zur Folge, dass alle Schüler, ob staatlich oder Waldorf, fast identische Klausuren schreiben, weil alle Lehrer diese Leitfäden verwendet haben. Und da habe ich die größten Verlustängste, was Waldorfpädagogik anbelangt.

MZ: Welche Folgen hat das Zentralabitur für die Individualität?

AJ: Das Zentralabitur und der dahinterstehende riesige (Vorbereitungs-) Markt auch für die Lehrer impliziert ein wenig, dass Angepasstheit die beste Belohnung bekommt. Also je exakter ich genau die Schritte mache, je kleinschrittiger ich kopiere eceterา, desto mehr Punkte. Und insofern glaube ich, dass das Zentralabitur der Studienreife ein Stück weit entgegensteht.

Ich versuche meine Schüler immer stark zu machen dafür, dass sie natürlich alles wissen müssen. Aber es darf nicht reichen, einfach nur Kenntnisse gesammelt zu haben, sondern es geht um die Verarbeitung. Es geht darum, die richtigen Fragen zu stellen, sich stark zu machen, Subtexte zu entdecken, ein gestaltender Mensch zu werden. Da bietet das Zentralabitur wenig Raum. Aber das ist nicht ein Thema der Waldorfschulen allein, dieses Prinzip.

Wir machen es gerecht, indem wir es gleich machen und damit keiner versagt, machen wir es auch noch gerechter, indem wir diese Vorbereitungskrücken alle flächendeckend in der Republik verteilen. Und da haben sie alle mit den gleichen Zwischenschritten denken gelernt. Das ist nicht förderlich für Individualität.

MZ: War es damals richtig umzustellen?

AJ: Ja. Das ist überhaupt keine Frage. Man muss sich nur stark machen und die Gestaltungsfragen leben.

MZ: Es gibt ja auch offensichtlich viele.

AJ: Ja absolut. Es gibt ganz viel Gestaltungsraum.

5.2 Gespräch mit Klaus Michael Maurer - Geschäftsführer Rudolf-Steiner-Schule, Harburg

Monika Zöllner: Erinnern Sie noch wie es Ihnen ging, als Sie erfuhren, dass die Bedingungen für die Externenprüfung mit der neuen Gesetzesvorlage weiter verschärft werden sollten?

Klaus Michael Maurer: Die Veränderung war ja, dass es in eine zentrale Prüfung gehen sollte, zunächst einmal bei den Kernfächern. Aber es wurde schon angedeutet, dass das irgendwann auch für alle Fächer gelten würde. Und wir haben überlegt, wenn wir weiter nach ExPO prüfen lassen, und dann nur das Prüfungsergebnis gilt, dass unsere Schüler gegenüber den anderen Schülern in ein deutliches Ungleichgewicht kommen würden.

Das entsteht durch die Wertigkeit der Prüfungen im Verhältnis schriftlich zu mündlich. Als reines Prüfungsergebnis wären es etwa 70 Prozent der Note aus den schriftlichen zentralen Prüfungen, zu 30 Prozent aus den mündlichen Prüfungen. Das empfanden wir dann als ungleichgewichtig gegenüber den staatlichen Schülern, die Ergebnisse aus zwei Jahren mit einbringen können.

Da war für uns der Punkt zu gucken, sollte man jetzt nicht überlegen, ob man das anders angehen kann. Wie könnte man in eine Form der Anerkennung kommen, die uns eben auch ermöglicht, die Ergebnisse der Schuljahre zwölf und 13 oder auch nur 13 in das Abitur mit einzubringen.

MZ: Jetzt bedeutete die Einführung der Studienstufe, dass man auf einige charakteristische Waldorfelemente verzichten muss. Es bedeutet auch, dass die Behörde intensiv reinregiert in die letzten Klassen.

Gerade das war ja immer abgelehnt worden. Wie groß waren die Befürchtungen, dass Waldorf nach Klasse elf komplett zu Ende sein könnte?

KM: Sehr unterschiedlich. Das hing ein bisschen von den jeweiligen Fächern ab, die von den Kollegen unterrichtet wurden. Große Ängste gab es bei den künstlerischen und handwerklichen Fächern. Weniger große Ängste gab es bei den eher kognitiven Fächern. Also diejenigen Fächer, die im Abitur auch tatsächlich drankommen. Mit Abstrichen, weil es bestimmte Fächer gab, bei denen man davon ausgehen konnte, dass man sie so nicht unterrichten könnte unter den Bedingungen der Studienstufe. Eine Überblicksepoche in Geschichte zum Beispiel oder in Deutsch erschien extrem schwierig, weil man ja an Themen gebunden ist, die man behandelt haben muss, um den Stoff für die Prüfung parat zu haben.

Ob man in der zwölften Klasse die Faustepoche unterrichten könnte, das war so eine Frage. Zumindest in der Anfangsphase war Faust auch im staatlichen Lehrplan vorgesehen. Das ist inzwischen anders. Und man fürchtete, den Ansatz des Überblicks in der zwölften Klasse als Abschluss der Waldorfzeit nicht in die Studienstufe retten zu können. Wir wussten, dass wir Einschnitte würden machen müssen. Diese Fragen: Wird das mit dem Klassenspiel gehen, wird das mit der Kunstreise gehen ecetera. Die waren sehr offen – und das waren letztlich die Knackpunkte, um die es dann ging.

MZ: Die Waldorfausbildung ist eigentlich erst nach Klasse zwölf vollendet.

War bei der Entscheidung für die Studienstufe von vornherein klar, dass es dann für die Nicht-Abiturienten keine zwölften Klasse geben würde? Es sei denn, man würde so etwas wie ein Berufs-Kolleg etablieren, was es ja bis heute, zumindest in Hamburg noch nicht gibt?

KM: Das war die Kröte, die wir schlucken mussten. Das war für die Eltern eine Schwierigkeit. Ich habe noch im vorvorletzten Jahr einen Schüler gehabt, dessen Eltern gesagt haben: Wir haben unser Kind in die Waldorfschule gegeben, weil wir zwölf Jahre Waldorf haben wollten, und Sie können ihm das jetzt nicht verwehren, nur weil das Abitur nicht möglich ist. Das geht nicht. Finden Sie einen Weg. Den haben wir dann gefunden, aber es war nicht einfach. Solche Gespräche hatten wir häufiger.

MZ: Frau Jost sagte, die Eichhörnchen-Methode, wie sie es nannte, sei eigentlich mehr Waldorf: Die Schüler können ihre Einzelleistungen zusammensammeln.

Und Schüler die analytisch nicht die Stärksten sind, die können trotzdem das Abitur bestehen, was nach ExPO nicht der Fall ist.

KM: Die Qualifikation am Ende von Klasse elf ist eine Hürde, die eine Reihe von Schülern rauszieht, die unter Umständen, wenn sie noch ein Jahr mehr Zeit gehabt hätten, die Qualifikation geschafft hätten. Die Zwölfjährigkeit hat ja ihren Grund. Die andere Seite ist, dass die Expo Prüfung eine Prüfung ist, die für Menschen gut ist, die keine Angst vor Prüfungen haben.

MZ: Und die gut im Schriftlichen sind?

KM: Und die gut im Schriftlichen sind. Die Eichhörnchenmethode ist eine, die dem Durchschnittsschüler entgegenkommt, sehr stark. Aber auch die leistungsstarken Schüler bekommen bessere Ergebnisse über APO-AH, einfach weil sie noch mehr tun können. Aber die sind auch in der ExPO Methode nicht hinten runtergefallen. Wir haben auch in der ExPO Methode gute Abiturnoten vergeben können.

Aber eben für die mittleren Schüler macht es schon einen Unterschied und das war für uns eben ein Ansatz zu sagen: Wir gehen diesen Weg in die Anerkennung der Studienstufe. Auch um dem gesellschaftlichen Anspruch Rechnung zu tragen, dass Abitur heute einfach eine Notwendigkeit ist. Das ändert sich ja gerade wieder ein bisschen. Die Hochschulen haben Möglichkeiten andere Zugänge zu etablieren. Und inzwischen gibt es auch Hochschulen, die nicht nur aufs Abi schauen.

MZ: Welche Waldorfessentials sind denn jetzt noch erhalten geblieben in der Studienstufe bei Ihnen?

KM: Wir haben das Klassenspiel in Klasse zwölf als Kurs. Das bedeutet, dass nicht alle Schüler, die von Klasse eins bis elf in der Klasse waren am Theaterstück teilnehmen.

Das ist so ein Element, was man damit bezahlen muss. Das Zweite ist, dass wir die Kunstreise machen, auch als Kursangebot. Und wir haben die Jahresarbeit eigentlich schon von Anfang an in Klasse elf gemacht. Insofern fällt die für uns nicht in Klasse zwölf raus. Insofern könnte man sagen, viele der so genannten Essentials sind erhalten geblieben. Was ich viel wichtiger finde ist, dass wir das Prinzip des Epochenunterrichtes erhalten haben, und zwar bis in Klasse 13.

MZ: Und die Überblicksepochen?

KM: Die können wir so nicht anbieten in dieser Form. Das kann man dann versuchen so in Seitensträngen mit einfließen zu lassen. Dazu sind wir einfach thematisch zu sehr gebunden an das Inhaltliche, was dann auf die Prüfung vorbereitet und da sich die Schüler ja beim Eintritt in die Studienstufe nicht schon für die Prüfungsfächer entscheiden, muss man mindestens bis Ende Zwölf mit der gesamten Bandbreite arbeiten. Und dann kommt die Entscheidung in Klasse 13, so dass wir, dass, was man tatsächlich gerne in Zwölf machte, also diese Überblicksepoche da nicht leisten kann.

MZ: Sie sagten am Anfang des Gesprächs, dass das Korsett immer enger wird bezogen auf die Studienstufe oder inzwischen Profilstufe. Und in Nienstedten sagte man mir, dass man am Anfang sehr vorsichtig war und sich jetzt eher mehr traut. Ist das bei Ihnen anders?

KM: Nein, das ist nicht anders. Wir waren nicht so ängstlich am Anfang. Wir haben das anders gemacht, insofern erleben wir jetzt die Einschränkungen ein bisschen mehr. Andererseits ist es immer abhängig vom Lehrer, was er mit den Themen, die da angeboten sind, macht, und wie frei er damit umgeht. Wie intensiv er sie erarbeitet. Das ist beim Staat nicht anders, auch da wird damit argumentiert, dass man wenigstens 1/5 des Semesters freihalten soll, um es selber zu gestalten in dem Kurs. Ob das immer klappt, ist eine andere Frage. Insofern hat man da schon eine ganze Bandbreite an Möglichkeiten, die man machen kann. Vor allem, und das ist in staatlichen Schulen nicht ganz so stark, die Zusammenarbeit der einzelnen Fachbereiche, die wir haben. Dadurch, dass man im Klassenverband hocharbeitet und sich intensiver wahrnimmt. Auch dieses Auflösen in Kurse bleibt ja letztlich doch im Klassenverband. Da hat man die Möglichkeiten der Zusammenarbeit so sehr, dass wir es an vielen Stellen geschafft haben auch fächerübergreifende Kurse zu haben.

MZ: Hat sich die Energie an der Schule durch die Einführung der Studienstufe verändert? Dadurch, dass vielleicht früher Noten gegeben werden müssen oder dass in zwölf, 13 alles was man abgibt und macht, bewertet wird?

KM: Ja, in bestimmter Hinsicht schon. Dieses Eichhörnchensammelsystem ist gut, aber verführt auch. So nach dem Motto: Gut, habe ich jetzt nicht hingekriegt, mache ich beim nächsten Mal besser.

Wir haben so bestimmte Phasen erlebt, dass zum Beispiel nach so einer Intensivphase Klassenspiel ein richtiger Abbruch passierte, dass die Schüler komplett abgestürzt sind und uns dann später gesagt haben, hier hätten sie dann mehr gefordert werden müssen. Insofern ermöglicht dieses System den Schülern zu berechnen, wo setze ich mich ein, wo setze ich mich nicht ein.

Und zwar anders, nämlich in Anführungszeichen, wie setze ich mich „effektiv" ein. Hier bekomme ich jetzt eine Note, die fürs Abitur zählt. Das war unter Expo Bedingungen natürlich überhaupt nicht der Fall.

MZ: In dem von mir erwähnten Artikel von Dr. Richard Landl wird aufgrund soziologischer Entwicklungen die Möglichkeit zur Diskussion gestellt, zwölf Jahre Waldorfpädagogik eventuell auch in elf Jahren vermitteln zu können. Dann hätten alle Schüler das volle Programm, auch diejenigen, die kein Abitur machen werden. Wie sehen Sie das?

KM: Grundsätzlich sehe ich das schon als Möglichkeit, wenn ich von den Inhalten ausgehe. Wenn ich von den Entwicklungssträngen ausgehe, kriege ich Fragen. Wenn man Steiners Vorträge anschaut und die menschenkundlichen Arbeiten, dann gibt es Hinweise darauf, dass eben im Rahmen dieses zwölften Schuljahres, wenn man die Schulzeit mit sechs oder sieben anfängt, dass man dann in der zwölften Klasse an einem Punkt angelangt, an dem ein gewisser Freiheits- oder Selbständigkeitsgrad erreicht ist. Wenn ich den schulisch greifen will, dann muss ich sehen, dass ich die Schüler, wenn ich kann, bis 18, 19 an der Schule halten kann.

Diese Geschichte Parzival in Klasse elf ist für mich so ein Musterbeispiel dafür. Dieses in die Vereinzelung gehen, seelische Pein durchleben, sich durcharbeiten und daraus gestärkt hervorkommen. Das ist schon ein Kraftakt. Wenn ich mir dann vorstelle, das ist das letzte Schuljahr, dann ist das sicher nicht wünschenswert. Und es ist ja bekannt, dass sich diese Phasen nicht vorgezogen haben. Physische und psychische Pubertät klaffen eher auseinander. Und nicht, weil die seelische vorgezogen wird, sondern weil die seelische nach hinten geht und die physische vorgezogen wird.

MZ: Rudolf Steiner wollte eigentlich, dass die Schüler nach Klasse zwölf schon die Hochschulreife bekommen und dann theoretisch direkt an die Uni wechseln könnten. Würden Sie sagen, dass die Schüler heute nach Klasse zwölf reif wären für die Uni?

KM: Wenn man die zwölfte Klasse so nimmt, wie ich sie eben beschrieben habe, wäre das ein denkbarer Weg. Für manche verschiebt sich das ein bisschen, aber was ich anspreche, das ist dieser erste Mondknoten[14]. Der ist wirklich als neuer Impuls da. Und wenn der erreicht ist, Steiner beschreibt das in seinem pädagogischen Jugendkurs an einer Stelle, dann ist man in der Lage, über die eigene Nasenspitze hinaus zu gucken und Entscheidungen zu fällen. Also nicht mehr selbstbezogen, das wäre ja das Parzival Motiv, sondern jetzt herauszukommen und unter Einbeziehung seiner Umwelt und auch der Folgen dessen was man entscheidet, Entscheidungen zu fällen. Dann lerne ich natürlich auch anders und dann kann ich auch ein Hochschulstudium anders angehen als wenn ich das rein verschult mache. In dem Maße wie das Hochschulstudium verschult wird, wie das gerade passiert, ist es völlig egal, da kann man auch in der zehnte Klasse anfangen.

MZ: Wie lief der erste Jahrgang 2007/2008?

KM: Das lief gut. Da haben wir ja vielfach die Aufgaben noch selber erstellt.

Wir haben versucht, in der Prüfungsfächerkombination den zentralen Anteil möglichst klein zu halten, sodass wir es noch ein bisschen besser steuern konnten.

Was wir in den ersten ein bis zwei Jahrgängen erlebt haben war tatsächlich, dass man merkte, es passiert auch was mit den Schülern. Zunächst einmal waren die Klassen größer, relativ schnell größer. Und da war so eine gewisse Spannung auch bei den Schülern: Wie wird das gehen? Wie geht man die Sachen an?

Es kippte dann mit der Zeit in diese Berechenbarkeit, die ich vorhin genannt habe, dass man auch anfing zu taktieren, was ja auch verständlich ist.

MZ: Den Befürwortern der Studienstufe ist aber auch mächtig Gegenwind entgegengekommen. Können Sie kurz skizzieren, was das für Vorwürfe waren?

KM: Generell kam der Vorwurf, ihr macht Waldorf kaputt. Einfach dadurch, dass man die zwölfte Klasse jetzt reduziert um diejenigen Schüler, die die Versetzung in die Studienstufe nicht schaffen.

---

[14] Mondknoten: Alle 18 Jahre und sieben Monate steht der Mond wieder in fast demselben Verhältnis zur Sonne, zur Erde und zu den Fixsternen wie bei der Geburt eines Menschen. In der Biografie können immer wieder besondere Ereignisse um diese Zeit des wiederkehrenden Mondknotens festgestellt werden.

Das ist das Eine, das Zweite ist, dass man sich lehrplanmäßig ja an bestimmte Sachen anpassen muss und dadurch vieles rausfällt.

Es ist auch von einigen kritisch gesehen worden, dass zum Beispiel im Bereich Theater Dinge in Bewertungen gehen müssen, die vorher frei erarbeitet werden konnten.

Das sagen vor allem auch die Theaterkollegen und das merkt man auch, dass da eine Veränderung passiert. Sowohl bei den Schülern als auch bei ihnen selber. Und alleine die Frage der Notendiskussion, was ist ein *sehr gut* bei einer Theaterleistung? Solche Sachen - da macht man was kaputt. Und das sehe ich auch so.

Die Frage ist, wie kann ich das auffangen, indem ich das innerlich anders trage. Für die Schüler kann ich sagen, die spielen nicht besser, weil die jetzt eine Note kriegen, sondern sie legen sich ins Zeug, weil sie Spaß an dem Projekt haben.

In dem Umfang in dem wir Kernpunkte realisieren konnten, indem zum Beispiel im Lehrplan der Faust mit stand, und man den dann eben auch entsprechend bearbeiten konnte, war dieser Vorwurf stärker oder weniger da. Und die Befürchtung war berechtigt. Aber in der ersten Umsetzung zeigte sich das nicht so. Das wird jetzt mit den Verschärfungen noch mal ein bisschen anders werden.

MZ: Wie sehen Sie die gymnasiale Oberstufe heute? Rückblickend – war das alles richtig?

KM: Ich finde es ganz schwer zu sagen. Es hat so Momente gegeben, wo ich gesagt habe, nein, es war nicht gut. Das hätten wir lieber gelassen, weil die gymnasiale Oberstufe auch eine Ressourcenverschärfung in Richtung Abitur ist.

Es gibt zwar höhere Sätze für die Schüler, aber das wird nicht kompensiert. Dadurch, dass man eben auch mehr an Lehrerstunden einsetzen muss und es auch für die Schüler wieder schwerer macht, wenn man Kurse sehr eng zusammenfasst.

Wir versuchen da so einen Mittelweg zu fahren, in dem wir Kurse mit erhöhtem und grundlegendem Niveau parallel, also in einem Kurs, laufen lassen. Das geht dann zum Teil zu Lasten der Lehrer, die dann mit großen Gruppen arbeiten aber anders ist es wirtschaftlich nicht leistbar. Wirtschaftlich ist das ein ziemlicher Wasserkopf, der da entsteht.

MZ: Bei den zunehmenden zentralen Anforderungen regiert die Abiturvorbereitung ja zwangsläufig auch schon in die voran gegangen Jahrgänge rein. Das betrifft dann ja auch die Prüfungen nach der Externenprüfungsordnung.

Also sind zwölf Jahre reine Waldorfpädagogik unter diesen Bedingungen überhaupt noch realistisch?

KM: Nein und das macht auch keine Schule. Spätestens zu Ostern muss man in der zwölften Klasse anfangen, intensiv in die Abiturvorbereitung zu gehen. Es hängt immer ein bisschen davon ab, wann die Klausuren geschrieben werden müssen. Auch diese Entscheidung, gehe ich in die dreizehnte oder nicht, ragte immer schon in die zwölfte Klasse hinein. Anhand von Noten. Abitur korrumpiert eben. Egal wie.

5.3 Gespräch mit Heike Rosenthal - Oberstufenkoordinatorin und Fachlehrerin für Biologie, Rudolf-Steiner-Schule Altona

Monika Zöllner: Für die Schüler, die kein Abitur machen, ist die Schulzeit seit Einführung der Studienstufe nach der elften Klasse vorbei. Könnte man theoretisch die gewünschten zwölf Jahre in elf Jahren unterbringen? Dann hätten alle Schüler nach wie vor das volle Programm.

Heike Rosenthal: Davon halte ich gar nichts. Man kann nicht einfach Unterricht zusammenschieben. Das Besondere am Waldorflehrplan ist ja gerade, dass er altersspezifisch ausgerichtet ist. Ebenso, dass die Art des Unterrichtens altersspezifisch ist. Insofern kann man nicht zwölf Jahre in elf Jahren absolvieren.

MZ: Sind die Schüler heute früher reif?

HR: Das kommt darauf an, welche Reife man anschaut. Entwicklung braucht insgesamt gesehen Zeit. Gerade die biografische Entwicklung von Jugendlichen benötigt eben ihre Zeit und da kann man nicht sagen, ein Elftklässler ist schon ein Zwölftklässler. Wenn ich Unterricht als Unterstützung der Entwicklungsschritte von Schülern ansehe, kann man nichts grundsätzlich zusammenschieben.

MZ: In einem der Interviews wurde die Methode der Studienstufe/Profiloberstufe als Eichhörnchen-Methode bezeichnet. Damit ist das kleinschrittige Zusammensammeln von Einzelleitungen auf dem Weg zum Abitur gemeint. Führt diese Methode zu besseren Abiturleistungen? Und erreichen mehr Schüler das Abitur?

HR: Was heißt Leistung? Es gibt auf jeden Fall bessere Noten und es machen mehr Jugendliche das Abitur. Das ist richtig und ein wichtiger Aspekt. Es muss dabei berücksichtigt werden, dass wir jetzt statt acht punktueller Prüfungsleistungen, die alle vorwiegend intellektuell waren und die letztendlich ja auch Stressresistenz abgefragt haben, über zwei Jahre den vollen Fächerkanon inklusive Sport und der künstlerischen Fächer haben. In diese viel größere Breite können sich Jugendliche viel mehr einbringen. Gerade diejenigen, die über die Dauer fleißig arbeiten, jedoch auch ein bisschen mehr Zeit brauchen, haben es mit der Studienstufe viel leichter.

MZ: Ich habe in den Protokollen das Zitat gefunden „Mit den Prüfungen nach APO-AH lassen sich wahrscheinlich mehr Waldorfinhalte erhalten als nach ExPO...“[15]

Provokativ gefragt: Ist die Eichhörnchenmethode mehr Waldorf?

HR: Grundsätzlich sehe ich das so. Mit der Abiturvorbereitung auf die Externen-Prüfung war im letzten Schuljahr viel Stress verbunden. Das ist jetzt viel besser. Eigentlich bemerken die Schüler die Veränderungen zunächst gar nicht so richtig, weil die Klassen weiterhin zusammen sind und wir Epochenunterricht und Fachunterricht haben wie immer. Eigentlich ist alles weiterhin so wie auch in den unteren Klassenstufen unserer Oberstufe. Zumindest ist das bei uns in Altona so. Die Schüler machen in der zwölften Klasse ihr Theaterprojekt wie vor den Zeiten der gymnasialen Studienstufe. Im 2. Semester der zwölften Klasse gibt es in Altona von den circa 19 Wochen regulären Unterrichts insgesamt mindestens neun Wochen Projekte.

MZ: Und können diese Projekte mit eingebracht werden?

HR: Ja, das volle Programm. Alles kann abiturrelevant genutzt werden. Die Kunstreise, das Sozialpraktikum, das Theaterprojekt, das klassenübergreifende Chorkonzert und von Einzelnen das Orchesterkonzert mit vorbereitender Orchesterfahrt. Wir können das alles in der gymnasialen Oberstufe weiterhin anbieten.

MZ: Sie haben mir geschrieben, dass die Überblicksepochen einen verschobenen Schwerpunkt haben. Was bedeutet das?

HR: Der Ansatz des Unterrichtes ist ja, Weltbegegnung zu ermöglichen und diese auch in den Unterrichtsraum hereinzuholen. Für das Fach Biologie heißt das zum Beispiel in einer zwölften Klasse, dass in der Botanik Begegnung mit der Pflanzenwelt stattfindet und dann läuft es auf ökologische Zusammenhänge hinaus: Welcher Pflanzen-Charakter stellt sich wie in welches Umfeld?

---

[15] Vgl. Arbeitskreis Schulaufsicht / Schulabschlüsse vom 12.11.2003.

Wie sind die Wechselwirkungen unter anderem zwischen den Mitgliedern einer Lebensgemeinschaft? Das kann mit ökologischen Fachbegriffen wie „Ökologische Nische" und „Biozönose" bezeichnet werden.

In der Überblicksepoche zum Tierreich, der Zoologie-Epoche, war es genauso, dass die Vielfalt des Lebendigen mit einer möglichst gesättigten Anschauung aufgezogen ist und diese Phänomene dann für sich sprechend wurden. Aus dieser Überschau heraus lassen sich dann allgemeine Prinzipien des Zusammenlebens oder auch der Entwicklung der Lebewesen ableiten. Das konnte von den Schülern erlebt und erarbeitet werden. Die Verschiebung ist jetzt, dass es eben nicht mehr Überblick über die Botanik oder über die Zoologie heißt, sondern Ökologie und Evolution. Letztlich lief es vorher auch darauf hinaus, aber jetzt ist der Schwerpunkt mehr bei diesen allgemeinen Prinzipien. Zusätzlich tritt diese ganze Fachsprache stärker auf und die ist in der Biologie ja immens ausgeweitet. Dadurch wird es etwas dünner, was das Phänomenologische betrifft. Dem versuchen wir zu begegnen, indem wir beispielsweise in der elften Klasse eine mehrtägige Ökologie-Exkursion nach Neuwerk unternehmen. Da können die Schüler im richtigen Watt stehen und biologische Untersuchungen machen, die sie auch dokumentieren und präsentieren. In der elften Klasse haben sie noch nicht die Präsenz für den Überblick. Ihre Erlebnisse müssen sie dann in der zwölften Klasse wieder hochholen, aber das können die Schüler dann auch. Hier haben wir also eine Verschiebung von der lebendigen Anschauung mehr zu den allgemeinen Prinzipien.

MZ: Trifft das für alle Fächer im Prinzip so zu? Was wird aus der Deutschepoche mit Faust?

HR: Das ist ein Schmerz im Deutschunterricht – Goethes Faust kann in dieser Breite nicht mehr durchgearbeitet werden und dann auch nicht so durchlebt werden. Die Anforderung an die Kollegen besteht aber unabhängig vom Fach immer darin, die Qualität der Lebensfragen, die die Jugendlichen bewegen, im Blick zu haben und mit der Behandlung des Unterrichtsstoffes indirekt aufzugreifen. Unterricht soll anstehende Entwicklungsschritte altersgemäß unterstützen. Diese Fragen bewegen alle Kollegen der Oberstufe und natürlich auch in den unteren Klassenstufen.

MZ: Wie destruktiv ist das staatliche Korsett für die Vermittlung von Waldorfessentials in der gymnasialen Oberstufe?

HR: Ich möchte insgesamt weg von dieser ausschließenden Gegenüberstellung von staatlich und waldorfgemäß – worin zeigen sich Waldorfessentials? Unser Ziel in der Oberstufe ist die Ausbildung einer Urteilsfähigkeit zu unterstützen – Urteilsfähigkeit als Ich-Leistung. Inhaltlich bietet unser Lehrplan dazu einen großen Schatz an.

Zeitbezogen kann und muss jedoch gesucht werden, welche anderen Inhalte das denn auch hergeben und wie die zusammen mit den Jugendlichen erschlossen werden müssen. Es geht ja besonders auch um die Methoden der Behandlung.

MZ: War es richtig, sich damals auf das „Abenteuer" Studienstufe einzulassen?

HR: Auf jeden Fall. Diese Einschätzung ergibt sich doch aus dem oben Angeführten: Der volle Fächerkanon, mehr Zeit für Schüler, die nicht so auf den Punkt das intellektuelle Spektrum abrufen können und es auch nicht müssen. Dazu kommt der Pragmatismus, dass natürlich Jugendliche diese staatlichen Scheine haben sollen, damit sie gesellschaftlich überall teilnehmen und auch eingreifen können.

Wir haben in Altona die Gestaltungsmöglichkeiten möglichst ausgereizt. Wir haben sogar Eurythmieunterricht abiturrelevant. Vergleichbar dem Orchester ist hier der eigene Körper das Ausdrucksinstrument; Der staatliche Musiklehrplan lässt sich so auslegen. Wir machen das, was wir sowieso immer gemacht haben und benennen es so, dass es ins Schema der Studienstufe eingeordnet werden kann.

MZ: Gibt es noch den Eurythmieabschluss?

HR: Ja, der offizielle Abschluss mit Einzeldarstellungen liegt in der elften Klasse. Zusätzlich gibt es einen in der zwölften Klasse und den organisieren die Schüler sozusagen für sich selbst. Die Zwölftklässler führten bis jetzt jedes Jahr eigenständig einen Show-Abend durch. Dieser war gar nicht vom Kollegium geplant oder gar vorgeschrieben.

Das machen die Jugendlichen, um ihre Kunstreise ins Ausland zu finanzieren.

Die letzte Klasse betonte, sie machten das auch, um zu zeigen, was sie sonst noch so neben dem Lernen für die intellektuellen Fächer bewege. An diesem Abend zeigten sie ihre Ergebnisse aus den künstlerischen Fächern: Kunstprojekte, ihre Filme, Chorstücke, der Eurythmie-Kurs führte sehr kreativ umgesetzt ein Alltagsszenario auf.

Sie zauberten ein Buffet und zusätzlich wurden von Einzelnen ganz persönliche Arbeiten auf die Bühne gebracht. Alles wird ganz selbständig organisiert, ohne etwa für das Abitur gefordert zu sein. Hier zeigt sich Lebens-Lust und reine Schaffensfreude.

MZ: Gibt es die Jahresarbeit?

HR: Die haben wir nicht. Das ist das Einzige, was wir aktuell nicht haben. Die Jahresarbeit hat bei uns nur in einzelnen Jahrgängen richtig gegriffen.

Wir haben die Kunstreise, wir haben das Sozialpraktikum, was ich ganz ganz wichtig finde, und das gehört auch unbedingt in eine zwölfte Klasse. Um das Alter des ersten Mondknotens herum ist so ein Fenster zur eigenen Biografie geöffnet. Da geht es auch um Fragen wie zum Beispiel: Was ist denn normal? Wie lebt man als Mensch in unserer Leistungsgesellschaft? Dazu braucht es auch die Reife des Urteils eines Zwölftklässlers/einer Zwölftklässlerin.

Wir haben dieses Sozialpraktikum abiturrelevant.

MZ: Ist das ein eigener Kurs?

HR: Es gibt in diesem Fächerkanon der Studienstufe den Joker Seminar. Da soll wissenschaftspropädeutisches Arbeiten gelernt werden. Das hat bei uns in jedem Semester einen anderen Schwerpunkt. Im ersten Semester ist es zum Beispiel eine Berlin Exkursion, durchgeführt von Kollegen der Fächer Geschichte und Deutsch, zusammen mit dem Chorkonzert, das alle 120 Oberstufenschüler einmal jährlich aufführen. Im zweiten Semester zählt dazu das Theater und im dritten Semester das Sozialpraktikum.

MZ: Also im Wesentlichen können Sie alles bedienen, was sonst auch zur zwölfjährigen Waldorfausbildung gehört?

HR: Ja.

MZ: Den Befürwortern der Studienstufe ist aber auch mächtig Gegenwind entgegengekommen. Können Sie kurz skizzieren, was das für Vorwürfe waren?

HR: Besonders dagegen waren bei uns Kollegen, die mit dem Abitur überhaupt nichts zu tun hatten. Eine Hauptsorge waren Verlustängste um die oben von Ihnen schon angeführten sogenannten Waldorf-Essentials. Das war so eine wenig griffige Sorge. Die Kritik und Sorge, es würde Grundlegendes aufgegeben werden, wenn staatliche Anforderungen erfüllt werden, kommt immer wieder – und sie kommt immer wieder von Menschen, die eigentlich wenig Unterrichtserfahrung in diesem

Bereich haben und die auch nicht über Abiturerfahrung verfügen. Diese ausschließende Sichtweise geht das Problem meiner Einschätzung nach von falschen Voraussetzungen her an.

MZ: Ist es denn überhaupt realistisch, erst in der 13. Klasse mit den Vorbereitungen für das Zentralabitur anzufangen?

HR: Das kann ich mir schon allein aus zeitlichen Gründen nicht vorstellen. Zum Weiteren wäre der Stressfaktor zu berücksichtigen. Unsere Schüler sind überwiegend eher tiefenentspannt und das ist doch auch eine Lebensqualität.

MZ: Empfinden die Schüler es als extremen Stress, dass jetzt alle Leistungen, Prüfungen, Tests ecetera ins Abitur einfließen?

HR: Die Jugendlichen sind punktuell gestresst, wenn Klausuren anstehen. Es ist natürlich auch eine andere Art des Unterrichtes in dem Moment, in dem Unterrichtsaktivitäten abiturrelevant zu benoten sind. Das verändert das Verhältnis zwischen mir und den Schülern, besonders bei denjenigen, die sich selbst überschätzen oder die als Jugendliche mehr emotional an die Sache herangehen und mir dann unterstellen, ihre Leistung sei nicht als ausreichend eingestuft, weil ich sie nicht mögen würde. Bei allem Streben nach Transparenz der Bewertungskriterien kommt das gelegentlich vor.

Das war früher anders – da war ich diejenige, die ganz offensichtlich nur unterstützt hat, sich vorzubereiten und meine Bewertung galt nur für die schriftliche Arbeit, die von staatlicher Seite überprüft wurde. Da waren die Schüler und ich mehr in einem Boot.

Jetzt bin ich immer so ein Zwitter: Ich liefere den Stoff, ich unterstütze die Auseinandersetzung damit, ich animiere zu Rückfragen, dann muss ich aber auch bewerten. Es ist ohnehin schwierig mit diesem Zwitter der Bewertung, pädagogische Begründungen sehe ich dafür nicht.

MZ: Stichwort Theater – wie will man da bewerten? Was ist ein „sehr gut"?

HR: Ja, das ist das Problem mit diesen Fächern, in denen Kreativität und Einsatz für ein Gesamtprojekt so ganz offensichtlich erforderlich sind. Beim Thema Theater geben sich immer alle so viel Mühe und sind mit soviel Herz dabei, dass sie alle sehr gute Noten bekommen. Wer da bloß ein „gut" bekommt, ist schon beleidigt.

Aber genau diese Motivation, dieses Herzblut, darum geht es doch, dass die Schüler sich mit Herzblut für eine Sache engagieren, dass sie sich da hineinbegeben und sich in ein Verhältnis zur Welt setzen und sich durch dieses Hineinsetzen selbst stärker erleben. Genau deshalb ist auch dieses Steiner-Zitat im Richter Text zu unterstreichen: „Der Mensch findet, erkennend die Welt, sich selbst, und erkennend sich selbst, offenbart sich ihm die Welt".

„Der Mensch". Genau das ist es und genau das wollen wir.

MZ: Und das wird nach wie vor erreicht – auch in der Studienstufe?

HR: Ja! Das wird erreicht, mit manchen Inhalten und Aufgaben leichter und mit anderen schwerer. Einen Einfluss darauf hat auch, wo jeder Einzelne seine Fähigkeiten und auch seine Interessen hat. Ich hatte jetzt gerade eine ehemalige Abituraufgabe im vierten Semester zur Übung gestellt. Es fragte einer von denjenigen, die Zusammenhänge sofort präzise erfassen können, warum denn gerade das so gering bei der Bewertung ins Gewicht falle, was doch eigentlich das Interessante sei. Jemand anderem, der sich mit Transferleistungen schwerer tut, kommt eine andere Gewichtung entgegen.

Gerade bei diesen individuellen Unterschiedlichkeiten ist es gut, wenn dazu noch die volle Fächerbreite angeboten werden kann.

MZ: Dann war also alles richtig mit der Studienstufe?

HR: Ja, allerdings vor dem Hintergrund, dass das Abitur an sich oder generell so eine Prüfungssituation kritisch hinterfragt werden muss. Ob das wirklich eine Erfassung von Leistungsfähigkeit mit ernsthaften Lebensbezug ist, sei einmal dahingestellt.

Insgesamt lässt sich sagen, wer in der Lage ist, in ein Abstraktionsniveau zu kommen, für den fällt das Abitur ab, wenn auch noch eine gewissen Arbeitsfähigkeit vorhanden ist. Es ist ein Abfallprodukt. Im Sinne, dass es dabei anfällt, ohne allzu großen Aufwand.

MZ: Das klingt ja sehr positiv – der Fokus auf die Prüfungen ist mit der gymnasialen Oberstufe ein Stück aufgeweicht.

HR: Genau. Die Prüfungen machen wir dann auch noch (nebenbei).

Letztendlich geht es nicht darum. Die ganze Einrichtung der Waldorfschule läuft ja letztlich auf eine Unterstützung der Entwicklung individuell urteils- sowie kooperationsfähig handelnder Menschen hinaus. Das Ziel unserer ganzen Schule und auch der Oberstufe ist nicht das Abitur, wenn es aber dabei abfallen kann, dann soll es den Schülern auch zugesprochen werden.

6 Fazit und Ausblick

Die vorliegende Untersuchung hat gezeigt, dass die Umstellung auf die gymnasiale Oberstufe an den meisten Hamburger Waldorfschulen zum Zeitpunkt der Einführung zentraler Prüfungen nicht zu einem „Verwässern" des eigentlichen Bildungsziels Mensch geführt hat: *„Der Mensch findet, erkennend die Welt, sich selbst, und erkennend sich selbst, offenbart sich ihm die Welt"*, formuliert Rudolf Steiner.

(Steiner 1986, Wahrspruchworte, 292, GA 40)

Dieser Anspruch befindet sich nicht im Widerspruch mit den Rahmenbedingungen der gymnasialen Oberstufe.

Die unverzichtbaren Inhalte der zwölften Klasse, die stellvertretend für das große Ganze und damit für das Erreichen des Bildungsziels stehen, können auch in der gymnasialen Oberstufe mit Abstrichen weitergeführt werden. Die Handlungsspielräume werden von den Schulen unterschiedlich gestaltet.

Es wird insgesamt deutlich, dass es sich die Beteiligten nicht leicht gemacht haben und dem Modell der zwölfjährigen Waldorfschule plus Vorbereitungsklasse zum Abitur nicht leichtfertig den Rücken gekehrt haben. Die Gegenüberstellung beider Modelle hat gezeigt, dass es das Modell gymnasiale Oberstufe für die Schüler der Waldorfschulen gegenüber den Absolventen staatlicher Schulen gerechter macht, die Reifeprüfung zu bestehen. Auch Schüler, deren Stärken nicht nur im analytisch-intellektuellem Bereich liegen, bekommen so die Möglichkeit, die Schule mit dem höchsten Bildungsabschluss verlassen zu können. Dies wird auch in den Gesprächen mit den Prozessbeteiligten und praktizierenden Hamburger Waldorflehrern deutlich. Die Entscheidung, in die gymnasiale Oberstufe gewechselt zu haben, wird von den Prozessbeteiligten rückblickend positiv bewertet. Positiv vermerkt wird, dass die Prüfungsbelastungen der Schüler im Umfeld der gymnasialen Oberstufe deutlich geringer sind als bei der Externenprüfung.

Diese Erleichterung wird für viele Schüler begrüßt. Kritisch angemerkt wird, dass für die Schüler ohne Ambitionen auf das Abitur die Waldorfschule im Modell der gymnasialen Oberstufe nach Klasse elf endet und damit ohne die für das Bildungskonzept wichtigen Inhalte der zwölften Klasse.

Unabhängig von der gymnasialen Oberstufe ist der Verlust von Schülern oder auch die Abwanderung überall dort ein Thema, wo der mittlere Bildungsabschluss nach Klasse elf vergeben wird. Der Aufbau eines Berufskollegs für Waldorfschüler in Hamburg soll genau dieses Problem lösen und Perspektiven eröffnen.[16]

Die Einführung der Studienstufe in Hamburg hat die Prüfungsbelastungen nicht nur auf ein gesundes Maß reduziert, sie sorgt auch dafür, dass auch durchschnittliche Schüler den Abschluss meistern können. Dies gilt ebenfalls für Schüler mit Prüfungsangst und Schüler mit vorwiegend mündlichen Stärken. Positiv hat sich für viele Schüler ausgewirkt, dass der psychische und emotionale Stress, dem sich viele Schüler nach dem scharfen Bruch von Waldorfschule zur Vorbereitungsklasse ausgesetzt sehen, so nicht mehr stattfindet. Dies kommt besonders den Schülern zugute, deren vormals geschätzte Fähigkeiten im künstlerisch-handwerklichen Bereich sich in den ausschließlich analytisch-intellektuellen Anforderungen des Externenabiturs nicht mehr wiederfinden. Ein Zweifeln an den eigenen Fähigkeiten, ausgerechnet in der Vorbereitungsklasse, lässt sich so verhindern. Grundsätzlich ließe sich der Lernstress in der Vorbereitungsklasse, hervorgerufen durch die künstliche Verknappung der Abiturvorbereitung auf ein Dreivierteljahr, vermeiden. Eine Verlängerung der Vorbereitung auf zwei Jahre würde erhebliche Erleichterungen bedeuten.

(Vgl. Kratzert & Ruben 12/2014, Erziehungskunst)

Eine weiterführende Fragestellung in diesem Kontext könnte sein, inwieweit die erhebliche Belastung in der Vorbereitungsklasse sich im Einklang befindet mit den Idealen der Waldorfpädagogik.

Zusammenfassend sprechen drei zentrale Kernpunkte für die gymnasiale Oberstufe:

- Die Prüfungsbelastungen und der Prüfungsanteil sind deutlich geringer.
- Der Fächerkanon beinhaltet in Klasse zwölf und 13 weiterhin handwerkliche, musische und künstlerische Fächer. Dies ermöglicht mehr Schülern den Zugang zum höchsten schulischen Abschluss.
- Waldorfessentials der zwölften Klasse können mit wenigen Abstrichen erhalten bleiben. Das Bildungsziel der Waldorfpädagogik kann weiterhin erreicht werden.

---

[16] Siehe hierzu: Waldorf Berufsfachschule; www.wbfs-hamburg.de.

Obwohl in Hessen und Hamburg die gymnasiale Oberstufe seit Jahren erfolgreich arbeitet, gibt es bislang im Bund keine Nachahmer. Das hat mehrere Gründe.

Einer der Gründe dafür könnte sein, dass das nahende Abitur in Teilen der Lehrerschaft als Bedrohung bewusst ausgeblendet wird. Diese Beobachtung wird auch von Schülern gemacht. Sie kritisieren, dass Schüler der zwölften Klasse damit konfrontiert würden, dass die Schulzeit mit dem Waldorfabschluss beendet sei. Dabei sei das für die Schüler, die das Abitur anstreben gar nicht der Fall. Während in der zwölften Klasse in Bezug auf Waldorfpädagogik noch einmal aus dem Vollen geschöpft werde, erlebe man gleichzeitig ein regelrechtes Ausblenden des anstehenden Abiturs.

(Vgl. Kratzert 2016, 53ff.)

Dabei kann der hohe Stellenwert des Abiturs für Waldorfschüler beispielhaft am Jahrgang 2015/2016 in Hamburg betrachtet werden. Von den 205 Schülern, die die Waldorfschule verlassen haben, haben 176 das Abitur abgelegt. Das sind 85,9 Prozent des betreffenden Jahrgangs. Zum Vergleich: Die Abiturientenquote insgesamt in Hamburg betrug 56,2 Prozent.

(Behörde für Schule und Berufsbildung: Schuljahrgangserhebung 2016. Anlage 3)

Dem höchsten schulischen Abschluss ablehnend, feindlich bis negierend zu begegnen ist nicht zielführend. Denn die bundesweit sehr hohe Abiturientenquote hat Auswirkungen auf die Zugänge zu weiterführenden Bildungseinrichtungen. Nicht nur, dass der Numerus Clausus in vielen Fächern durch die inflationäre Vergabe der Hochschulreife unangemessene Höhen erreicht, auch in den klassischen Ausbildungsberufen wird das Abitur in steigendem Maße Einstellungskriterium.

(Datenbank Auszubildende (2016) Bundesinstitut für Berufsbildung, Schaubild 9. Anlage 4) Den Erwerb desselben den Waldorfabsolventen besonders schwer zu machen, ist nicht nachvollziehbar. Zwar wurde zum Zeitpunkt der ersten Waldorfschule bewusst das Modell der Vorbereitungsklasse als einzige Möglichkeit installiert, den Schülern das Abitur zu ermöglichen. Doch bereits Rudolf Steiner legte Wert darauf, dass sich die Ausbildung so gestalten sollte, dass die Schüler keine Nachteile durch den Besuch der Waldorfschule bekommen sollten. Auch er wusste um den Wert der Hochschulzugangsberechtigung und besaß den Pragmatismus, sich in diesem Punkt in die gesellschaftlichen Rahmenbedingungen zu integrieren.

So äußert sich auch Caroline von Heydebrand im ersten Waldorflehrplan:

> „Es war immer der größte Wunsch Dr. Steiners, dass die von ihm pädagogisch geleitete Waldorfschule in der größten Kraft und Sicherheit in der vollen Wirklichkeit des Lebens, so wie es heute ist, drinnen stehen sollte."

(Heydebrand 1925, 6)

Überlegenswert wäre ein eigenständiger, möglicherweise europäischer Waldorfabschluss, der alle weiteren Bildungswege ohne das staatliche Abitur ermöglicht.

Das CSE, das Certificate of Steiner Education, könnte sich als Basis für ein tragfähiges eigenes Modell eignen. Erste Erfolge gibt es aus England und Österreich, wo es Waldorfabsolventen gelungen ist, ausschließlich mit dem in dem jeweiligen Land erworbenen CSE direkt an eine Universität zu wechseln. Auch in Deutschland zeigen erste Versuche mit dem CSE, dass der direkte Zugang zu Universitäten abseits des regulären Abiturs möglich werden könnte. Damit dieser Weg kraftvoll beschritten werden kann, braucht es Mut. Angeboten wird das CSE parallel neben der staatlichen Abiturprüfung aktuell lediglich an einer Waldorfschule, an der Waldorfschule Erfurt. Vom Grundsatz her bleibt der CSE jedoch ein neuseeländischer Abschluss und damit besteht das Risiko, von staatlichen Abhängigkeiten und Vorgaben vor Ort letztlich zu Abhängigkeiten und Vorgaben aus Übersee zu wechseln.

Auch nach fast 100 Jahren Waldorfbewegung ist ein eigener flächendeckender und anerkannter Abschluss auf Abiturniveau nicht in Sicht. Hinzu kommt, dass die Bildungspolitik nach wie vor jede Individualisierung der Bildungslandschaft als Bedrohung und nicht als Bereicherung interpretiert. Richtig wäre es daher, die Waldorfschule weiterzuentwickeln, ohne das pädagogische Konzept zu vernachlässigen, also einen Schritt zu wagen mit der Zeit und mit Waldorfprofil.

(Kratzert 2016, 57)

Dabei geht es nicht um Zugeständnisse gegenüber staatlichen Anforderungen zu Lasten der Waldorfpädagogik, sondern vielmehr um ein „[...] sinnvolles, gleichwertiges Zusammenspiel von Waldorfabschluss und Abitur."

(Kratzert 2016, 56)

Die gymnasiale Oberstufe an Waldorfschulen mit den aufgezeigten Handlungsspielräumen wie sie in Hamburg praktiziert wird, könnte ein mutiger Schritt in diese Richtung sein.

Anhänge

Anlage 1: Tabelle Umsetzung der Waldorfessentials in der gymnasialen Oberstufe am Beispiel der Rudolf-Steiner-Schulen Altona, Harburg, Nienstedten

Anlage 2: Schuljahreserhebung 2016, Behörde für Schule und Berufsbildung, Referat Datenmanagement B: Entwurf Antrag Studienstufe

Anlage 3: Datenbank Auszubildende 2009-2015, Bundesinstitut für Berufsbildung, Schaubild 9

Literaturverzeichnis

Alanus Universität: Modellprojekt „Berufskolleg als Oberstufe der
Waldorfschule

Verfügbar unter: https://www.alanus.edu „Modellprojekt „Berufskolleg als
Oberstufe der Waldorfschule [12/2017]

Ausbildungs- und Prüfungsordnung zum Erwerb der Allgemeinen
Hochschulreife (APO-AH):

Verfügbar unter:
http://www.hamburg.de/contentblob/1332736/8c0119d6e4363ca3d30
4c217d4632593/data/bsb-apo-ah-22-07-2003.pdf [11/2017]

Ausbildungs- und Prüfungsordnung für die integrierte Gesamtschule –
Jahrgangs- stufen 5 bis 10 (APO-iGS):

Verfügbar unter:
http://www.hamburg.de/contentblob/3023280/01f6424adc0b7016100
7029387ca2789/data/apo-igs-kgs.pdf [11/2017]

Behörde für Schule und Berufsbildung, Pressearchiv (2016): Abiturientenquote
steigt auf über 58%.

Verfügbar unter: http://www.hamburg.de/pressearchiv-fhh/7396930/2016-
11-14- bsb-abiturientenquote/[03/2018]

Behörde für Schule und Berufsbildung (2016): Schuljahrgangserhebung 2016,
Hamburg: Referat Datenmanagement.

Verfügbar unter:
http://www.hamburg.de/contentblob/8163620/b241075e77946b30cab
5cddd7edbec84/data/2015-16-schulentlassene.pdf [04/2018]

Behörde für Schule und Berufsbildung (2016): Richtlinie für die
Aufgabenstellung und Bewertung der Leistungen in der Abiturprüfung,
Schulrecht Hamburg 3.1.

Verfügbar unter:
http://www.schulrechthamburg.de/jportal/portal/bs/18/page/sammlun
g.psml?pid=Dokumentanzeige&showdoccase=1&js_peid=Trefferliste&doc
umentnumber=17&numberofresults=91&fromdoctodoc=yes&doc.id=VV
HAVVHA000000202&doc.part=F&doc.price=0.0#ivz7 04/2018

Mitteilungsblatt der Behörde für Bildung und Sport (2004): Richtlinie für die Aufgabenstellung und Bewertung der Leistungen in der Abiturprüfung. Jahrgang 49, Nr. 8, 03.11.2004.
Verfügbar unter:
http://www.hamburg.de/contentblob/69902/001c1be1eb177aaf3579c2eec312a832/data/bbs-mbl-08-2004.pdf [02/2018]

Mitteilungsblatt der Behörde für Bildung und Sport (2007): Richtlinie für die Aufgabenstellung und Bewertung der Leistungen in der Abiturprüfung vom 15.06.2007. MBISchul Nr. 7.
Verfügbar unter:
http://www.hamburg.de/contentblob/69974/7736a334abbf57bc4fbac8dd4c15cd7e/data/bbs-mbl-07-2007.pdf [04/2018]

Mitteilungsblatt der Behörde für Bildung und Sport (07.11.2007): Bestimmungen über die Vergabe der Abschlüsse und Berechtigungen in der Sekundarstufe I an den allgemeinbildenden Rudolf-Steiner-Schulen in Hamburg ab dem Schuljahr 2007/2008. MBISchul Nr. 13.
Verfügbar unter:
http://www.hamburg.de/contentblob/69986/83c91f6e6dc1e2538f28593fc285866d/data/bbs-mbl-13-2007.pdf [12/2017]

Bildungsplan Gymnasiale Oberstufe (2009): Rahmenvorgabe für das Seminar.
Verfügbar unter:
http://www.hamburg.de/contentblob/1475246/0fe265960af64b767c7b24d5e6664694/data/seminar-gyo.pdf [02/2018]

Bildungsplan Gymnasiale Oberstufe (2009): Darstellendes Spiel.
Verfügbar unter:
http://www.hamburg.de/contentblob/1475196/16daee2cf3e75db7ea017d830c6fc6e4/data/darstellendesspiel-gyo.pdf [02/2018]

Behörde für Bildung und Sport, Pressemitteilung (2002): Wesentliche Schwerpunkte der zukunftsweisenden Bildungspolitik für Hamburg. Pressegespräch mit Senator Rudolf Lange am 30.9.2002, 15.30 Uhr im Wilhelm-Gymnasium.

Bund der Freien Waldorfschulen Jahresbericht (2017):

Verfügbar unter:

http://www.waldorfschule.de/fileadmin/downloads/Jahresberichte/Jahr
esbericht_2017_gesamt.pdf#main-content [04/2018]

Bundesministerium für Bildung und Forschung: Berufsbildungsbericht 2017.
Verfügbar unter:
https://www.bmbf.de/pub/Berufsbildungsbericht_2017.pdf [03/2018]

C.

Destatis (2016): Nichtmonetäre hochschulstatistische Kennzahlen – Fachserie
11, Reihe 4.3.1 1980-2015 / Quote der Studienberechtigten. Wiesbaden:
Statistisches Bundesamt.

Verfügbar unter:
https://www.destatis.de/DE/Publikationen/Thematisch/BildungForschu
ngKultur/Hochschulen/KennzahlenNichtmonetaer2110431157004.pdf?b
lob=publicationFile[04/20 18]

De Vries, Frank (2016): Standard und Norm. In: Erziehungskunst 08/2016.
Verfügbar unter: https://www.erziehungskunst.de/artikel/standard-und-
norm/ [04/2018]

De Vries, Frank (2017): Brauchen wir eine 12. Klasse? Fragen an die
Oberstufenpädagogik. In: Erziehungskunst 02/2017.

Verfügbar unter: https://www.erziehungskunst.de/artikel/forum/brauchen-
wir-eine-12-klasse-fragen-an-die-oberstufenpaedagogik/ [04/2018]

Einheitliche Prüfungsanforderungen für die Abiturprüfung (EPA): Verfügbar
unter: https://www.kmk.org/themen/allgemeinbildende-

schulen/bildungswege-und-abschluesse/sekundarstufe-ii-gymnasiale-
oberstufe-und-abitur.html [18.03.2018].

Esterl, Dietrich (1997): Welche Abschlüsse gibt es an Waldorfschulen?
Stuttgart: Verlag Freies Geisteswesen.

Externenprüfungsordnung (ExPO) (2003): Prüfungsordnung zum Erwerb von Abschlüssen der allgemeinbildenden Schulen durch Externe (Externenprüfungsordnung - ExPO -)

Verfügbar unter:

http://www.hamburg.de/contentblob/2049808/5dd139ecf3122e4fcad3 c83c929d67a9/data/expo-externe-pruefungsordnung.pdf [04/2018]

Flynn, James R. (1987): Massive IQ Gains in 14 Nations – What IQ Tets Really Measure. Americal Psychological Association Inc.

Verfügbar unter:

http://www.iapsych.com/iqmr/fe/LinkedDocuments/flynn1987.pdf [04/2018]

G.

H.   Hamburgisches Schulgesetz (1997): Vom 16. April 1997 i.d.F. vom 15. September 2016 Verfügbar unter:

http://www.hamburg.de/contentblob/1995414/1cfc294a96f6c576aa557e75a dfac732/data/schulgesetzdownload.pdf [04/2018]

Novellierung Hamburger Schulgesetz (2003):

Verfügbar unter: http://www.arge.schule-hamburg.de/Archiv/DOK-Schulgesetz.html [04/2018]

Heydebrand, Caroline von (1925): Vom Lehrplan der Waldorfschule. Stuttgart: Verein für ein freies Schulwesen.

I.

J.

Kratzert, David (2016): Mit der Zeit und mit Profil – Waldorfoberstufe als Vorbereitung aufs Leben. In: Lehrerrundbrief 104, Februar 2016, 53-59.

Kratzert David / Ruben, Philipp (2014): Gegen den Strom. Neue Konzepte für die Oberstufe. In: Erziehungskunst Nr. 12 (2014),

Verfügbar unter: https://www.erziehungskunst.de/artikel/gegen-den-strom-neue- konzepte-fuer-die-oberstufe/ [06.04.2018].

Kultusministerkonferenz (KMK) 2017: Vereinbarung über die Durchführung der Abiturprüfung für Schülerinnen und Schüler an Waldorfschulen. Vorwort, 21.02.1980 i.d.F. Vom 09.06.2017.

Verfügbar unter:

https://www.kmk.org/fileadmin/Dateien/veroeffentlichungen_beschlues se/1980/1980_02_21-Vereinbarung-Abipruefung-Waldorfschulen.pdf [01/2018]

Landl, Dr. Richard (2007): Waldorfschule – ein Entwicklungsprozess über 12 Jahre?! In: Erziehungskunst 10/2007.

Verfügbar unter:

https://www.erziehungskunst.de/fileadmin/archiv_alt/2007/1007p003L andl.pdf [04/2018]

M.

N.

O.

P.

Q.

Rauthe, Wilhelm (1990): Stufen der Urteilskraft. In: Zur Menschenkunde in der Oberstufe, gesammelte Aufsätze. Stuttgart: Pädagogische Forschungsstelle beim Bund der Freien Waldorfschulen, 73-79.

Richter, Tobias (2010): Pädagogischer Auftrag und Unterrichtsziele. Vom Lehrplan der Waldorfschule, 3. Auflage, Stuttgart: Verlag Freies Geisteswesen.

Stockmeyer, E.A. (2001): Angaben Rudolf Steiners für den Waldorfunterricht, 6. Auflage, Stuttgart: Verlag Freies Geisteswesen.

Steiner, Rudolf (1994): Kosmische und menschliche Geschichte. 24.02.1918, Band VII, Dornach: Rudolf Steiner Verlag (GA 174b)

Steiner, Rudolf (1991): Die geistig-seelischen Grundkräfte der Erziehungskunst.

23.08.1922, 7. Vortrag, Dornach: Rudolf Steiner Verlag (GA 305).

Steiner, Rudolf (1990): Gesammelte Aufsätze, 2. Auflage, Stuttgart, Verlag Freies Geisteswesen.

Steiner, Rudolf (1989): Gesammelte Aufsätze zur Kultur und Zeitgeschichte 1887- 1901, Dornach: Rudolf Steiner Verlag (GA 31).

Steiner, Rudolf (1988): Geistige Willenskräfte im Zusammenleben von alter und junger Generation. 9. Vortrag, Dornach: Rudolf Steiner Verlag (GA 217).

Steiner, Rudolf (1987): Eine Einführung in die anthroposophische Pädagogik und Didaktik. 30.12.1921, 8. Vortrag, Dornach: Rudolf Steiner Verlag (GA 303).

Steiner, Rudolf (1986): Gegenwärtiges Geistesleben und Erziehung. 8.8.1923, Dornach: Rudolf Steiner Nachlassverwaltung (GA 307).

Steiner, Rudolf (1986): Wahrspruchworte, Widmung für Wilhelm Nedula. 25.02.1920. 6. Auflage, Dornach: Rudolf Steiner Verlag (GA 40).

Steiner, Rudolf (1986): GA 302, Menschenerkenntnis und Unterrichtsgestaltung. 12.-19. Juni 1921, 5. Auflage, Dornach: Rudolf Steiner Nachlaßverwaltung (GA 302).

Steiner, Rudolf (1982): Aufsätze zur sozialen Dreigliederung des sozialen Organismus und zur Zeitlage 1915-1921. 1. Auflage. Dornach: Rudolf Steiner Verlag (GA 24).

Steiner, Rudolf (1982): Ausführungen Rudolf Steiners zum Verständnis des dritten Jahrsiebts in seinem allgemeinen Vortragswek II, Stuttgart: Pädagogische Forschungsstelle.

Steiner, Rudolf (1982): Aufsätze über die Dreigliederung des sozialen Organismus und zur Zeitlage, Freie Schule und Dreigliederung. 1. Auflage, Dornach: Rudolf Steiner Verlag (GA 24).

Steiner, Rudolf (1979): Erziehungs- und Unterrichtsmethoden auf anthroposophischer Grundlage. 24.11.1921, 1. Auflage. Dornach: Rudolf Steiner Verlag (GA 304).

Steiner, Rudolf (1975): Konferenzen mit den Lehrern der Freien Waldorfschule 1919-1924. 3. Band, Dornach: Rudolf Steiner Verlag (GA 300).

Steiner, Rudolf (1975): Konferenzen mit den Lehrern der Freien Waldorfschule 1919-1924. 05.02.1924, 3. Band, Dornach: Rudolf Steiner Verlag (GA 300c).

Steiner, Rudolf (1975): Konferenzen mit den Lehrern der Freien Waldorfschule 1919-1924. 25.04.1923, 3. Band, Dornach: Rudolf Steiner Verlag (GA 300c).

Steiner, Rudolf (1975): Konferenzen mit den Lehrern der Freien Waldorfschule 1919-1924. 28.04.1922, 2. Band, Dornach: Rudolf Steiner Verlag (GA 300b).

T.

U.

V.

W.

X.

Y.

Z   Zech, M. Michael (2016): Urteilsbildung im Oberstufenunterricht an Waldorfschulen.

In: Lehrerrundbrief 104, Sonderthema Oberstufe 02/2016, Kassel: Pädagogische Forschungsstelle, 35-52.

Unveröffentlichte Quellen

- Altona-Planung Oberstufe

Protokoll der Oberstufenkonferenz der RSS Altona, 14.02.2007

- Durchführungskonzept Oberstufe (12/2004) Dombrowski/Ketels
- Entwurf Staatliche Anerkennung einer gymnasialen Studienstufe der Rudolf- Steiner-Schulen in Hamburg, 06.02.2004
- Mailkorrespondenz mit Ariane Jost, Klaus M. Maurer, Heike Rosenthal
- Protokolle Arbeitskreis Schulaufsicht/Schulabschlüsse 2003 bis 2006
- Transkripte der Gespräche mit Ariane Jost, Klaus M. Maurer, Heike Rosenthal

Anlagen

Umsetzung der Waldorf Essentials in der gymnasialen Oberstufe am Beispiel der Rudolf Steiner Schulen Altona, Harburg, Nienstedten.

	Altona	Harburg	Nienstedten
Kunstreise	Zur Kunst	Zur Kunst	Zur Kunst
Jahresarbeit	Es gibt keine Jahresarbeit der 12. Klasse unabhängig von der Studienstufe.	In Klasse 11.	Wurde schon vor der Studienstufe auf Eis gelegt.
Theaterprojekt 12. Klasse	Eigenständiger Kurs mit theoretischem Teil im Darstellenden Spiel	Gehört zu Darstellendes Spiel / Theater	Findet Ende 11 statt
Eurythmieabschluss	Einzelabschlüsse in 11. Eurythmiekurs mit Show-Abend in Klasse 12.	Im Theaterkurs	Findet statt.
Eurythmie	In 12 Pflicht In 13 abwählbar	In 12 Pflicht In 13 abwählbar	In 12 Pflicht ohne Benotung. In 13 abwählbar.
Epochenunterricht	Ja, in 12 und 13	Ja, in 12 und 13	Ja, in 12 und 13
Überblicksepochen	Finden mit Modifikationen statt, siehe Text.	Durch limitierten Fächerkanon nur reduziert möglich, siehe Text.	Finden mit Modifikationen statt, siehe Text
Sozialpraktikum	In 12	In 11	In 12

Stand 02/2018

Schulentlassene aus allgemeinbildenden Schulen des Schuljahres 2015/16 nach Schulform, Abschlussart und zuletzt besuchter Jahrgangsstufe

(ohne Erwachsenenbildung, Berufliche Bildungsgänge an Sonderschulen, Nicht-Schüler-Prüfungen)

Schulform	Abschlussart	Jahrgangsstufe						insgesamt	Anteil Abschlussart	Anteil Schulentlassene
		8	9	10	11	12	13			
Stadtteilschule²	Ohne Schulabschluss¹	3	58	525				578	6.4%	
	Erster allgemeinbildender Schulabschluss		130	2.261				2.391	26.6%	
	Mittlerer Schulabschluss			2.124	203	170	44	2.541	28.3%	
	Schulischer Teil der Fachhochschulreife					136	321	457	5.1%	
	Allgemeine Hochschulreife						3.027	3.027	33.7%	
	gesamt	3	180	4.910	203	306	3.392	8.994	100.0%	55.3%
	Anteil	0.0%	2.0%	54.6%	2.3%	3.4%	37.7%			
Rudolf-Steiner-Schule	Erster allgemeinbildender Schulabschluss			1				1	0.5%	
	Mittlerer Schulabschluss				17	5		22	10.7%	
	Schulischer Teil der Fachhochschulreife					5	1	6	2.9%	
	Allgemeine Hochschulreife						176	176	85.9%	
	gesamt			1	17	10	177	205	100.0%	1.3%
	Anteil	0.0%	0.0%	0.5%	8.3%	4.9%	86.3%			
Gymnasium	Ohne Schulabschluss		5					5	0.1%	
	Erster allgemeinbildender Schulabschluss		3	13				16	0.2%	
	Mittlerer Schulabschluss			205	123	37		365	5.5%	
	Schulischer Teil der Fachhochschulreife					58	195	253	3.8%	
	Allgemeine Hochschulreife						5.940	5.940	90.3%	
	gesamt		8	218	181	6.172		6.579	100.0%	40.4%
	Anteil	0.0%	0.1%	3.3%	2.8%	93.8%	0.0%			
Sonderschule	Ohne Schulabschluss¹		32	242	77	58		409	82.6%	
	Erster allgemeinbildender Schulabschluss		8	53	1	10		72	14.5%	
	Mittlerer Schulabschluss			12		2		14	2.8%	
	gesamt		40	307	78	70		495	100.0%	3.0%
	Anteil	0.0%	8.1%	62.0%	15.8%	14.1%	0.0%			
insgesamt		3	228	5.436	479	6.558	3.569	16.273	100.0%	100.0%
Anteil		0.0%	1.4%	33.4%	2.9%	40.3%	21.9%	100.0%		

Bundesland Hamburg

Bericht: VSR 18

Quelle: Schuljahreserhebung 2016

¹ einschließlich Schülerinnen und Schüler mit sonderpädagogischem Förderbedarf, die infolge der jeweiligen Lernbeeinträchtigung keinen Abschluss erreichen konnten

² einschließlich Doppeltqualifizierender Bildungsgang

Schaubild 9: Schulische Vorbildung der Auszubildenden mit neu abgeschlossenem Ausbildungsvertrag, 2009 bis 2015

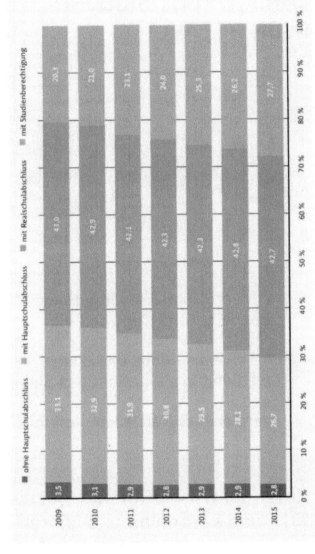

Quelle: „Datenbank Auszubildende" des BIBB auf Basis der Daten der Berufsbildungsstatistik der statistischen Ämter des Bundes und der Länder (Erhebung zum 31. Dezember)

Lightning Source UK Ltd.
Milton Keynes UK
UKHW010629031222
413194UK00005B/470